Reise durch

ISLAND

Bilder von
Max Galli

Texte von
Ernst-Otto Luthardt

Stürtz

Seite 10/11:
Der Goðafoss erhielt seinen Namen vor tausend Jahren, als man in seinen Fluten heidnische Götzenbilder versenkte. Heute *zählt der Wasserfall im Norden des Landes, der sich zweigeteilt in die Tiefe stürzt, zu den meistbesuchten Attraktionen Islands.*

Inhalt

Island – Natur pur

Gäbe es in Island nicht nur Asphalt- und Schotterstraßen, sondern auch Pflaster, könnte man sagen: Es ist eines der teuersten in ganz Europa. Fast eine Sünde die Alkoholpreise. Restaurants mit preiswerten Speisen muss man in Reykjavík mit der Lupe suchen, anderswo nützt nicht einmal die. Außerdem ist die Reisezeit relativ kurz. Man hat nur den Juni, Juli und August. Wer sich etwas vertut mit seiner Planung, muss noch im Mai oder schon im September mit Nachtfrösten rechnen. Im Hochland gibt es die sogar das ganze Jahr über. Souvenirs? Die kratzigen Pullover hat man schon in Norwegen gekauft und nie getragen. Steine, Mineralien? Zu schwer für das Fluggepäck, selbst wenn man solche Färbungen noch nie gesehen hat. Nein, Island ist kein Ort für den Massentourismus – und wird es wohl nie werden!

»Gott sei Dank!«, sagen jene 150 000 pro Jahr, die es – trotzdem oder gerade deshalb – auf diese Insel zieht. Finden sie doch hier eine Naturlandschaft von elementarer Ursprünglichkeit und Kraft wie sonst nirgends auf dem Kontinent. Die enge Nachbarschaft von riesigen Gletschern und rauchenden Vulkanen, von ewigem Eis und heißen Quellen, von monotonen Lava- und Schotterwüsten und grün bemoosten Tälern, von unzähligen Wasserfällen und teils zerklüfteten, teils sandigen weiten Küsten ist so unbeschreiblich grandios, dass normalerweise die Worte dafür fehlen. Halldór Laxness, der mit dem Nobelpreis geehrte große isländische Erzähler, meinte einmal, in seinem Land spüre man noch, wie die Erde sich drehe, wie sie lebe.

Die lange Geburt

Vor 20 Millionen Jahren soll Island aus dem Atlantik aufgetaucht sein. Und auch wenn inzwischen viel Zeit vergangen ist, dauert diese Geburt noch immer an. Sprich: Das Land wächst. Neben den Flüssen, die die von den Gletschern aus dem Gestein geschliffenen Sandmassen an den Küsten abladen, sodass diese immer weiter

hinauswachsen, tragen vor allem die Feuer-
kräfte aus dem Erdinnern ihren Teil dazu bei.
In einem besonders aktiven vulkanischen Ge-
biet im Süden liegen die Westmännerinseln.
Auf älteren Karten fehlt jene Insel, die erst 1963
aus den Fluten aufgestiegen ist und den Namen
Surtsey bekam. Zehn Jahre später, in einer
dunklen Januarnacht, öffnete sich auf der
Hauptinsel Heimaey die Erde, und ein neuer
Vulkan schleuderte Asche und Lava in den
Himmel. Als er nach einem halben Jahr wieder
erlosch, hatte sich die Landfläche um zwei
Quadratkilometer vergrößert. Dabei waren
zwar etliche Behausungen, aber kein einziges
Menschenleben zu beklagen. Vor allem blieb
der wichtigste Fischereihafen verschont. Als
dessen Zufahrt abgeriegelt zu werden drohte,
inszenierten die Isländer ein einmaliges technisches Spektakel: Sie spielten die Lava gegen
den Atlantik aus, kühlten sie mit Meerwasser
ab und brachten so die Front zum Stillstand.
Der Erste, der seinen Fuß auf den unruhigen
isländischen Boden gesetzt und sich dort ein
Haus errichtet hat, soll ein Wikinger namens
Garðar Svárvarsson gewesen sein. Das Städt-
chen Húsavík, im Norden der Insel, erinnert
mit seinem Namen (»Hausbucht«) und einem
alljährlichen Fest an dieses Ereignis von 870.
Da es aber der wackere Seefahrer nicht allzu
lange dort aushielt, verspielte er die Chance,
als erster Isländer in die Geschichtsbücher
einzugehen. Das tat dann Ingólfur Arnarson,
der zwar erst vier Jahre später anlandete, dafür
aber blieb. Die schätzungsweise 20 000 bis
30 000 Menschen, die ihm in den nächsten
Jahrzehnten folgten, kamen vor allem aus dem
Westen Norwegens, aber auch von den Briti-
schen Inseln. Das sogenannte »Landnahmebuch«
verzeichnet die Namen und Besitzverhältnisse
von mehreren Hundert dieser Einwanderer.
Während die ursprüngliche Fassung verloren
gegangen ist, sind drei spätere Versionen aus
dem 13. Jahrhundert überliefert. Durch sie
kennen wir die Namen und die Lebensumstände
von rund 430 Familien.
Die Erstellung von Genealogien ist bis heute
eine der Lieblingsbeschäftigungen der Isländer
geblieben. Die isolierte Lage der Insel, die
überschaubare Bevölkerungszahl und die praktisch unveränderte Sprache brachten es mit sich,
dass jeder seinen Stammbaum weit zurückver-
folgen und sich praktisch mit jedem verwandt
fühlen kann. So sind die Isländer über die
Familienforschung, aber ebenso durch die alten
Sagas bestens mit ihrer Geschichte vertraut
und bekanntermaßen sehr stolz darauf.
Ein früher Höhepunkt der Geschichte ist das
Jahr 930, als die Einwohner mit dem Althing
ihr erstes »Parlament« gründeten: Bei dieser

An der Südostküste: Seit Urzeiten haben Feuer und Eis, Wind und Wasser die Landschaft geformt. Und der Mensch hat sich in- mitten dieser rauen Natur die besten Plätze gesucht. So gehen nicht wenige isländische Höfe auf die Landnahme- beziehungs- weise die Sagazeit zurück.

Versammlung trafen sich zur Mittsommerzeit die Führer der machthabenden Familien, um über Probleme und Streitfälle zu beraten. Damals mögen die unruhigen Seefahrer die Insel gewissermaßen als Mutterschiff betrachtet haben, als Ausgangspunkt weiterer Vorstöße in das Unbekannte. So gelangten sie 982 nach Grönland und um die Jahrtausendwende nach Nordamerika. Nachdem letztere Entdeckung über längere Zeit hinweg von der wissenschaftlichen Welt als Wunschdenken patriotischer Nordländer abgetan worden war, wurde in den 1960er-Jahren auf Neufundland die Wikingersiedlung »L´Anse aux Meadows« entdeckt. Wie hundert Jahre vor ihm Heinrich Schliemann mit Homers Gesängen, hatte der Norweger Helge Ingstad nichts anderes getan, als Literatur ernst zu nehmen und ihren Wahrheitsgehalt zu überprüfen. Ausgangspunkt seiner Forschungen waren jene legendären Sagas, welche im 12. und 13. Jahrhundert niedergeschrieben wurden und sowohl mythologische als auch wirkliche Geschichte des Nordlandes widerspiegeln. Ihre Autoren waren Dichter und Historiker zugleich. Als der berühmteste, Snorri Sturluson, 1241 starb, endete eine große Epoche. Die Isländer machten sich freiwillig der norwegischen Krone untertan. Die Herrschaft, die 1380 auf die Dänen überging, blieb fast 700 Jahre.

Der oft beklagten geografischen Randlage entsprach die politische. Lange unberührt von den Ereignissen im zentralen Teil Europas, waren die gewaltsame Einführung der Reformation 1540 bis 1550, das Verbot jeglichen Handels mit anderen Staaten als Dänemark 1602 und der von englischen Kaufleuten gesteuerte Putsch von 1809, in dessen Folge der dänische Abenteurer Jørgen Jørgensen ganze 100 Tage als König von Island amtierte, die wichtigsten politischen Ereignisse über Jahrhunderte hinweg. Weitaus folgenreicher für die Isländer war freilich die Pest von 1402 bis 1404, der zwei Drittel der Bevölkerung zum Opfer fielen, sowie jeweils zu Beginn und am Ende des 18. Jahrhunderts weitere Epidemien und verheerende Vulkanausbrüche. Danach gab es nur noch 40 000 Menschen auf der Insel, sodass man am dänischen Hof erwog, Island aufzugeben und die Restbevölkerung nach Jütland umzusiedeln.

Bereits um die Mitte des 19. Jahrhunderts war nicht nur die Bevölkerung, sondern auch das nationale Bewusstsein wieder erstarkt. So wurde 1843 das Althing, zumindest als beratende Einrichtung, neu belebt, und es begann sich langsam eine Unabhängigkeitsbewegung zu formieren. Nachdem sich die Dänen erst 1918 zur Entlassung Islands in die weitgehende Selbstverwaltung entschließen konnten, verschaffte man sich dort, gewissermaßen nach alter Wikingermanier, den Rest im Handstreich und verkündete 1944, als das von den Deutschen besetzte »Mutterland« andere Probleme hatte, einseitig die nationale Unabhängigkeit. Seither sind Land und Gesellschaft im Wandel. Die über Jahrhunderte unveränderte Agrarstruktur wurde modernisiert und unter Nutzung von Erdwärme und Wasserkraft eine fortschrittliche Industrie aufgebaut. Etwa 50 Kilometer von Reykjavík landeinwärts entstand ein wahres Paradies – unter Glas. Dank der großen geothermischen Ressourcen und des praktischen Erfindergeistes der Ingenieure und Gärtner wuchs hier ein riesiger Treibhauskomplex; die kleine Kommune Hveragerði wurde zu Islands Gartenstadt. Dort wachsen Bananen und Orangen, aber die eigentliche wirtschaftliche Bedeutung liegt in der Selbstversorgung mit Gemüse – zu billigeren Preisen als das bislang im Winter importierte. Außerdem hegen die dortigen Experten den kühnen Traum, irgendwann in der Zukunft mit ihren Sämlingen die nahezu baumlose Insel begrünen zu können. Inzwischen hat Island auch in der Politik Schlagzeilen gemacht. Wurde doch ausgerechnet in dieser traditionellen Männergesellschaft 1980 erstmals eine Frau zum Staatsoberhaupt gewählt. Und es war mit das Verdienst der gelernten Theater- und Literaturwissenschaftlerin Vigdís Finnbogadóttir, dass sich 1986 Reagan und Gorbatschow gerade in ihrer Hauptstadt Reykjavík zusammenfanden, um das Ende des Kalten Krieges einzuleiten. Hatte man doch hierzulande jahrhundertealte Erfahrung damit, Feuer und Eis – die größten Gegensätze also – miteinander zu versöhnen.

Reykjavík – kleine Metropole in großer Umgebung

Während sich Island (mit Ausnahme der Insel Grímsey) vergeblich streckt, um über den Polarkreis hinauszureichen, hat die Hauptstadt Reykjavík ihr großes Ziel, die 100 000-Einwohner-Grenze, längst überschritten. Dort leben inzwischen mehr als die Hälfte aller Isländer. Zumindest für diejenigen Besucher, die auf dem benachbarten Airport Keflavík einreisen, ist die Hauptstadt die erste Station. Die meisten

der repräsentativen Gebäude aus der ersten Hälfte des 20. Jahrhunderts – wie Nationaltheater und Nationalbibliothek – schwanken zwischen Pathos und steinerner Schwermut. Sie alle werden von der mächtigen Hallgrimskirche überragt, die erst 1986, nach fast einem halben Jahrhundert Bauzeit, vollständig fertig geworden ist. Die Moderne wurde zunächst importiert, der finnische Stararchitekt Alvar Aalto entwarf 1968 das Nordische Kulturhaus in der Sämundargata, dann selbst inszeniert: Den gigantischen Heißwassertanks der Hauptstadt auf dem Hügel Öskjuhlið wurde eine noch imposantere Glaskugel aufgesetzt. Diese wechselt mit dem Licht des Nordens ihr Gesicht. Am Morgen glänzt sie als riesiger Wassertropfen und abends leuchtet sie als Feuerball. Innen ist das Reich der Besucher. Einmal pro Stunde werden sie um ihre Achse gedreht. Dabei sind die Ausblicke und Aussichten so verlockend, dass die meisten eine weitere Umdrehung gar nicht mehr abwarten. Ist doch der künstliche Geysir in besagter Kuppel nicht mehr als ein technisches Spektakel und nicht vergleichbar mit seinem faszinierenden Vorbild, dem Großen Geysir im nordöstlich gelegenen Haukadalur. Dieser verhält sich in etwa wie der bekannte Flaschengeist, welcher – erst einmal aus seinem Gefängnis befreit – zu ungeheurer Größe wächst. Das Warten auf dieses Ereignis lohnt sich. Wenn der Vielbesuchte bei Laune ist, oder mit Seife (!) im wahrsten Sinne des Wortes geschmiert wird, steigt er bis zu 60 Meter in den Himmel. Danach gibt er sich wieder bieder. Jetzt kann man zur Konkurrenz wechseln, denn die ist nicht weit entfernt: Unter den vielen Wasserfällen Islands ist der Gullfoss einer der schönsten. Während er sich im Sommer mit einem goldenen Regenbogen schmückt, verwandelt er sich im Winter in den Palast der Schneekönigin.

Nur 40 Kilometer liegen zwischen der heutigen Hauptstadt und jenem Ort namens Þingvellir, an dem vor mehr als 1000 Jahren die Wikinger zum Althing zusammentrafen. Dort gibt es zwar keine historischen Bauten – Islands ältestes Steinhaus auf der Insel Viðey stammt aus dem Jahre 1755 – dafür aber eine eindrucksvolle vulkanische Umgebung und ein geologisches Phänomen der besonderen Art. Handelt es sich

doch bei jener Allmännerschlucht, in der sich einst die Stammesführer trafen, um einen Teil des Zentralisländischen Grabens und damit des mittelatlantischen Riftsystems, an dem die europäische und die nordamerikanische Erdkrustenplatte pro Jahr etwa zwei bis sieben Zentimeter auseinanderweichen.

Gletscher, Krater und Geister

Die Nationalstraße 1 ist knapp 1500 Kilometer lang. Sie führt als Ringstraße um die Insel und verbindet die Ortschaften, die zumeist in Küstennähe entstanden sind, während das Landesinnere kaum besiedelt ist. Vor noch nicht allzu langer Zeit hausierten Islandfahrer mit den unwahrscheinlichsten Geschichten über die Straßenverhältnisse dieses Landes. Doch auch hier ist Asphalt längst kein Luxus mehr, sondern – zumindest auf den Hauptstraßen – die Regel, und die berüchtigten Schotterabschnitte die Ausnahme. Allerdings macht man in Island für die Probleme beim Straßenbau nicht nur die Hindernisse der Natur verantwortlich, sondern genauso Trolle, Feen, Elfen und andere Geisterwesen. So erklärte vor einiger Zeit per TV ein Ingenieur, dass eine Straße, die durch ein seit Urzeiten »den Anderen« reserviertes Terrain geführt werden sollte, immer wieder abrutschte und erst dann fest und befahrbar wurde, nachdem man einen großen Bogen um die gefährliche Region geschlagen hatte. Auch wenn der bekannte Goðafoss (»Götterfall«) im Norden des Landes seinen Namen davon bekommen haben soll, dass hier in frühchristlicher Zeit die heidnischen Götzen und Fetische versenkt wurden, scheinen diese wieder von dort entwichen zu sein und neue, verborgene Aufenthaltsorte gefunden zu haben. Im Gegensatz zu dieser unsichtbaren Welt bietet der südliche Teil der Insel gerade dem Auge ein Fest. Da sind vor allem die Gletscherlandschaften des Mýrdalsjökull und des Vatnajökull mit dem zum Nationalpark erklärten Skaftafell. Während das Eis in geheimnisvollem Blau schimmert, leuchten die Liparitgesteine um Landmannalaugar als grün-gelb-rote Trikolore, und der Rahmen zu diesem schier unwirklichen Bild besteht aus schwarzer Lava.

Apropos Lava. Vor mehr als 200 Jahren floss das flüssige Gestein nördlich des Mýrdalsjökull auf einer imaginären Linie von rund 25 Kilometern aus mehr als 100 Kratern aus der Erde. Seitdem sind hier mehr als 500 Quadratkilometer mit einer dunklen Haut überzogen. Das Skaftáreldahraun genannte Gebiet um die Lakikrater ist das größte in historischer Zeit entstandene Lavafeld des Landes und nur mit geländegängigen Fahrzeugen zugänglich.

Nordlicht über dem rund 1700 Quadratkilometer umfassenden Nationalpark Skaftafell. Die geheimnisvollen Himmelsfeuer leuchten in Weiß, Gelb, Grün, Rot, Blau sowie Violett und wechseln nicht nur die Farbe, sondern auch – mit Strahlen, Spiralen, Bändern und Schleiern – die Gestalt.

Ein weiterer Ort der Superlative, die »Feuerschlucht« Eldgjá, ist dagegen auch mit dem Bus erreichbar, der diese Hochlandroute den Sommer über befährt. Wer seinen Fuß in den 30 Kilometer langen und mehr als einen halben Kilometer breiten Erdriss setzt, kann sich rühmen, in der größten Eruptionsspalte der Erde gewesen zu sein.

Fjordeinsamkeit

Besucher, die mit dem Fährschiff kommen, gehen in Seyðisfjörður an Land und fahren zumeist gleich weiter. Kenner indessen wissen längst zu schätzen, dass es hier im Osten ebenso viele landschaftliche Höhepunkte gibt, welche zudem noch den unschätzbaren Vorteil besitzen, dass man sie kaum mit anderen zu teilen braucht. Vielen Bewohnern jedoch war die Abgeschiedenheit der Fjorde Grund genug, ihre Dörfer zu verlassen. Die rund 300 Kilometer lange Strecke von Seyðisfjörður gen Süden vermittelt einen ersten Eindruck von dieser einsamen Landschaft. In Höfn, dem Tagesziel, hingegen treffen sich all diejenigen wieder, die sich schon von der langen Überfahrt vom dänischen Esbjerg über die Faröer-Inseln (und das norwegische Bergen) her kennen und nun die Ringstraße gegen den Uhrzeigersinn befahren. Der kleine Ort ist Ausgangspunkt des Gletschertourismus auf den gigantischen Vatnajökull beziehungsweise auf dessen Ableger. Wie die Fühler eines riesigen weißen Insekts schiebt sich das Eis gen Meer. Dazwischen, als Teppich aus glitzerndem Quarz, die langgestreckten Sander, die vor den Endmoränen durch Schmelzwasser abgelagert wurden.

Ein Ort wirklicher Einsamkeit inmitten überwältigender Landschaft ist der Mjóifjörður-Fjord mit der nahezu verlassenen Siedlung Brekka. Ausgangspunkt ist Egilsstaðir, die Entfernung nicht mehr als 40 Kilometer. Doch die Serpentinen hinunter zum Meer haben es in sich. Und die fantastischen Aussichten hinauf auf die Berge, hinunter in die Abgründe, zu den vielen Wassern, die über die Felsen schießen, erfordern Zeit. Und wenn man endlich am Meer ist und allein, geht die innere Uhr isländisch – das heißt langsamer, aber auch intensiver. Zeigen sich dann noch spielende

Wale, könnte es durchaus sein, dass jener Zauberer darunter ist, der einst vom dänischen König Harald Gormssohn ausgeschickt wurde, um Island zu erkunden. Sein Bericht über den Osten des Landes lautete: »Da war nichts als Sand und Öde und draußen davor große Brandung und das Meer geht da so hoch, dass Schiffe nicht fahren mögen.«

Vogelkolonien am Mývatn und anderswo

Mývatn – diesen Namen kennt jeder Island-Besucher. Der »Mückensee« und die ihn umgebende Landschaft im Norden des Landes gehören zum Pflichtprogramm. Findet man doch hier auf relativ engem Raum alles beieinander, was den Reiz dieses Landes ausmacht: eine wilde Berglandschaft, unter deren dünner Steinhaut die Erde glüht (eine Serie von Ausbrüchen bedeckte von 1724 bis 1729 die Umgebung mit Lava und Asche), einen See von malerischem Anblick und ein wahres Vogelparadies.
Islands Vogelwelt ist einmalig und der Mývatn nicht die einzige Adresse. Auf der Insel Grímsey findet man die äußerst seltenen Krabbentaucher oder am Breiðamerkurjökull, nahe dem Gletschersee Jökulsárlón mit seinen farbig leuchtenden Miniatureisbergen, das größte Brutgebiet der Großen Skua auf der nördlichen Halbkugel. Die Raubmöwe weiß ihr Terrain gegen jeden Eindringling, den Menschen eingeschlossen, zu verteidigen. Friedvoller hingegen geht es auf jenen Klippen vor der Westmännerinsel Heimaey zu, in deren Höhlen Millionen von Papageitauchern nisten.

Zum Mittelpunkt der Erde

Hamburg, am 22. Mai 1864. Die Uhr der nahe gelegenen Michaeliskirche schlägt halb zwei. Es ist ein Sonntag, Axel, der Neffe Professor Lidenbrocks, findet den Schlüssel zur Entzifferung eines geheimen Papiers aus der »Heimskringla« des isländischen Chronisten Snorri Sturluson. Der Text lautet: »Steig hinab in den Krater des Sneffels Yocul, welchen der Schatten des Scartaris vor dem ersten Juli liebkoset, kühner Wanderer, und Du wirst zum Mittelpunkt der Erde gelangen. Das habe ich vollbracht. Arne Sacknussemm.«
Damit beginnt eines der aufregendsten Abenteuer des Jules Verne, die »Reise zum Mittelpunkt der Erde«. Der große Franzose hat den schon seit mehr als 2000 Jahren schlafenden Vulkangletscher Snæfellsjökull so exakt beschrieben, als würde er ihn aus eigener Anschauung kennen. Den schönsten Anblick des markanten Doppelgipfels gewinnt man vom Meer aus. Selbst weit gereiste Weltenbummler

zögern nicht, diesen Berg, der die Westspitze
der Halbinsel Snæfellsnes krönt, zu den
großartigsten der Erde zu zählen – auch wenn
er sich nur auf reichliche 1400 Meter dem Himmel nähert. Im Übrigen ist hier, im Westen des
Landes, die Spurensuche nach den Gestalten
und Geschehnissen der Sagas besonders ergie-
big. Sturluson selbst hat in Reykholt gelebt.
Von hier ist es nicht allzu weit an die Küste,
nach Borgarnes. Der alte Hof Borg in der Mini-
Stadt von 1800 Einwohnern ist ebenfalls mit
der Erinnerung an Sturluson verbunden. Und
in Arnarstapi trifft man sogar den Saga-Helden
Bárður Snæfellsnes höchstpersönlich – freilich
nur aus Stein.

Jeep kontra Islandpferd

War die menschenverlorene Schotterwüste des
zentralen Hochlands früher allenfalls ein Refugium für Ausgestoßene, zieht sie heute Besucher aus aller Herren Länder an. Während die
einen mit schweren Rucksäcken bepackt in die
Einsamkeit aufbrechen, verlassen sich immer
mehr auf Geländefahrzeuge. Doch diese hinter-
lassen tiefe Spuren. Die dünne Krume, die kein
Wasser hält, vielleicht aber irgendwann einmal
nicht nur den Hungerkünstlern unter den Pflan-
zen Halt bieten, sondern auch anspruchsvolle-
ren Gewächsen Nährboden sein könnte, wird
unter den Rädern zur Staubwolke. Ein Glück,
so nicht wenige Einheimische, dass die Pisten
nur zwei, drei Sommermonate offen sind.
Noch vor den Offroad-Fans kamen die Raum-
fahrer hierher. Bevor die amerikanischen Astro-
nauten ihre Füße auf den Mond setzten, probten
sie das Unternehmen im isländischen Hochland. Genau genommen in der Askja. Das ist eine
gigantische Absenkung, die dadurch entstand,
dass die Erde darunter ihren Bauch leer spie.
Mögen die Amerikaner sich hier auf dem Mond
gewähnt haben, so denken manch andere eher
ans Inferno. Dringt doch des Teufels schwefli-
ger Gestank aus allen Poren der Erde. Und, auf
dass nicht der geringste Zweifel bestehe, heißt
der warmwassergefüllte Krater Víti sogar wie
das Reich des Bösen: »Hölle«. Wer dagegen die
eiskalte Abkühlung liebt, findet sie im unmittel-
bar danebenn gelegenen Öskjuvatn.

Die Reiseführer preisen die Blaue Lagune in den
Lavafeldern bei Grindavík als den »besten Bade-
platz zwischen Europa und Amerika«. Das durch
die benachbarte Energiefabrik aus 1000 Meter
Tiefe geholte und zum Wärmeaustausch ge-
nutzte heiße Wasser hat einen künstlichen See
entstehen lassen. Dort ist ganzjähriges Baden
garantiert, und die Mineralien sorgen nicht nur
für die blaue Farbe des Wassers, sondern auch
fürs Wohlbefinden und sogar für Heilung bei
verschiedenen Leiden.

Wer es ganz extrem liebt, komme ins Hochland
zum Kverkfjöll, und zwar im Winter. Dann
garantiert der von heißen Quellen unter dem
Eis gespeiste Gletscherfluss ein einzigartiges
Badeerlebnis zwischen Himmel und Hölle. Hier
scheiden sich die wahren Island-Freaks von
denjenigen, deren Abenteuergeist vor allem
aus der Stärke ihres Geländewagens resultiert.
Der nützt nämlich im Winter gar nichts. Bleiben
also nur der Fußmarsch oder der Ritt auf dem
Rücken eines Islandpferdes.

Die Geschichte dieser ungewöhnlichen Pferde-
rasse ist mindestens so alt wie die der ersten
Siedler. Das zähe, bedürfnislose und gelassene
Tier war über die Jahrhunderte hinweg treuer
Begleiter bei allen Arbeiten und in allen Lebens-
lagen. Die isolierte Lage der Insel und die Angst
der Bewohner vor eingeschleppten Krankheiten
– andere Pferde dürfen bis heute nicht in das
Land gebracht werden, und Isländer-Pferde, die
es einmal verlassen haben, nie mehr zurück –
waren die Voraussetzungen für das Überleben
einer mehr als tausendjährigen Rasse mit ungewöhnlichen Eigenschaften. Denn Islandpferde
können neben Schritt, Trab und Galopp den
»vierten und fünften Gang« einlegen: Im Pass-
gang springt es von einem gleichseitigen Bein-
paar auf das andere, der für den Reiter ange-
nehmste Gang ist aber der Tölt. Dabei bewegen
sich die Pferdebeine wie im Schritt, nur wesentlich schneller, und selbst der ungeübte Reiter
kann ruhig im Sattel sitzen. So ungefähr muss
sich Odin, der Göttervater, auf seinem Ross
Sleipnir gefühlt haben, das acht Beine besessen
haben soll.

Seite 22/23:
Im Jahre 865 landete
der Norweger Flóki Vilger-
ðarson in Vatnsfjörður,
hielt es aber nur zwei
Winter dort aus. Auf ihn
geht übrigens der Name
»Eisland« zurück.

Seite 24/25:
Der Jökulsárlón im Osten
der Insel ist ein 160 Meter
tiefer Gletschersee, in
den der Breiðamerkurjökull
kalbt. Mit einem Amphi-
bienfahrzeug kann man
das Gewässer befahren
und dabei den bunt-
schimmernden Eisbergen
ganz nahe kommen.

Im Sog der Hauptstadt – der Westen

Seite 28/29:

Von dem 76 Meter hohen Kirchturm der Hallgríms-kirche zu Reykjavík hat man eine weite Aussicht auf die Stadt und das Umland. Das Gotteshaus trägt den Namen eines bekannten religiösen Dich-ters des 17. Jahrhunderts. Der 1945 begonnene Bau wurde erst vier Jahrzehnte später vollendet.

Rechts:

Gullfoss, der »Goldene Wasserfall«, stürzt sich in zwei Stufen 31 Meter in die Tiefe. Das Wasser liefert der Gletscherfluss Hvítá, der im Laufe von rund 10 000 Jahren eine tiefe Schlucht in die Hochfläche gegraben hat. Golden leuchtet der Wasserfall vor allem im Licht des späten Tages.

R eykjavík, die am weitesten nördlich gelege-ne Metropole der Welt, braucht sich um Wärme nicht zu sorgen. Grund sind die vielen heißen Quellen, die nicht nur sämtliche Ge-bäude und Freibäder, sondern auch die winter-lichen Gehsteige heizen. So raucht zwar kein einziger Schornstein, dafür aber die Erde. Glaubt man der Legende, so soll es Odins höchstpersönlicher Wille gewesen sein, dass sich die Einwanderer ausgerechnet hier, in der Rauchbucht, und nicht in fruchtbareren Gegen-den niedergelassen haben. Noch heute ist der Zuzug groß. Es sind Leute aus der »Provinz«, die hier bessere Jobs und ein bequemeres Leben suchen. Ab dem Raum Reykjavík gibt es auf über 400 Kilometern, die ganze Südküste entlang, keinen einzigen Hafen mehr, der Arbeit böte. Dafür Eis und Feuer, Gletscher und Vulkane, die bedrohen und zerstören, aber auch formen. So den südlichsten Punkt der Insel, Kap Dyrhólaey, das 120 Meter fast senk-recht zum Meer abfällt und früher eine Insel war, die dann – anderen Eilanden gleich – mit dem Land Vermählung feierte. Wenn das Wet-ter es zulässt, kann man von hier aus die West-männerinseln sehen.

Der Hauptstadt gewissermaßen auf dem Kopf steht die Halbinsel Snæfellsnes, von der die Isländer sagen, dass sie alle Landschaftsformen des Landes bündele. Reicht sie dem Atlantik nur den Finger, so flirtet die darüberliegende Nordwesthalbinsel (Vestfirðir) noch heftiger mit dem Wasser. Bei ihr ist es die ganze Hand, die fünffingrig gen Meer zeigt. Von diesen Naturliebkosungen am Ende der (isländischen) Welt schwärmen jedoch nur die Besucher. Es sind wenige, die sich hierher verlieren. Aber, im Sommer, mehr als die noch verbliebenen Bewohner.

KAFFI
REYKJAVIK
Ice Bar – Surely The

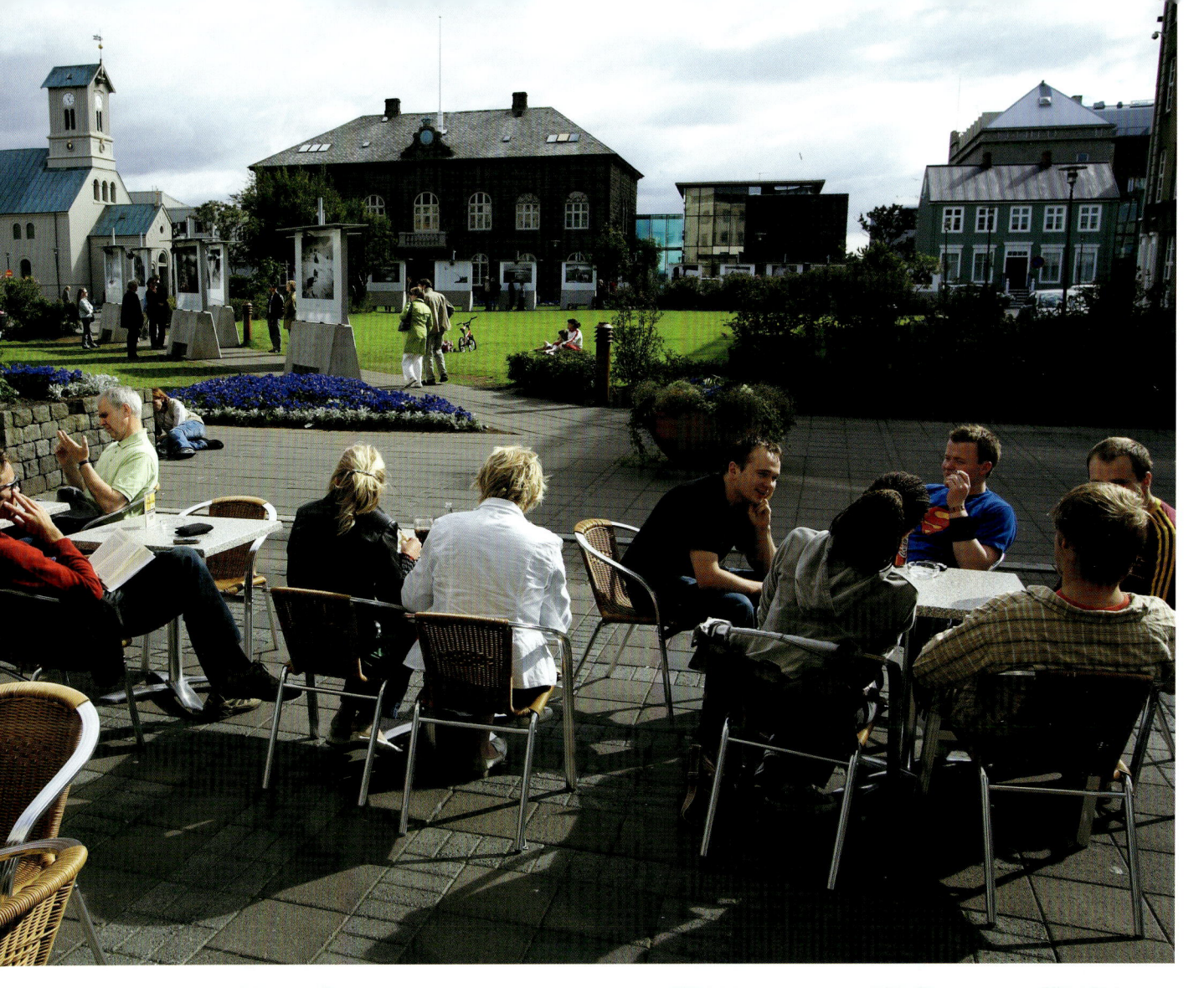

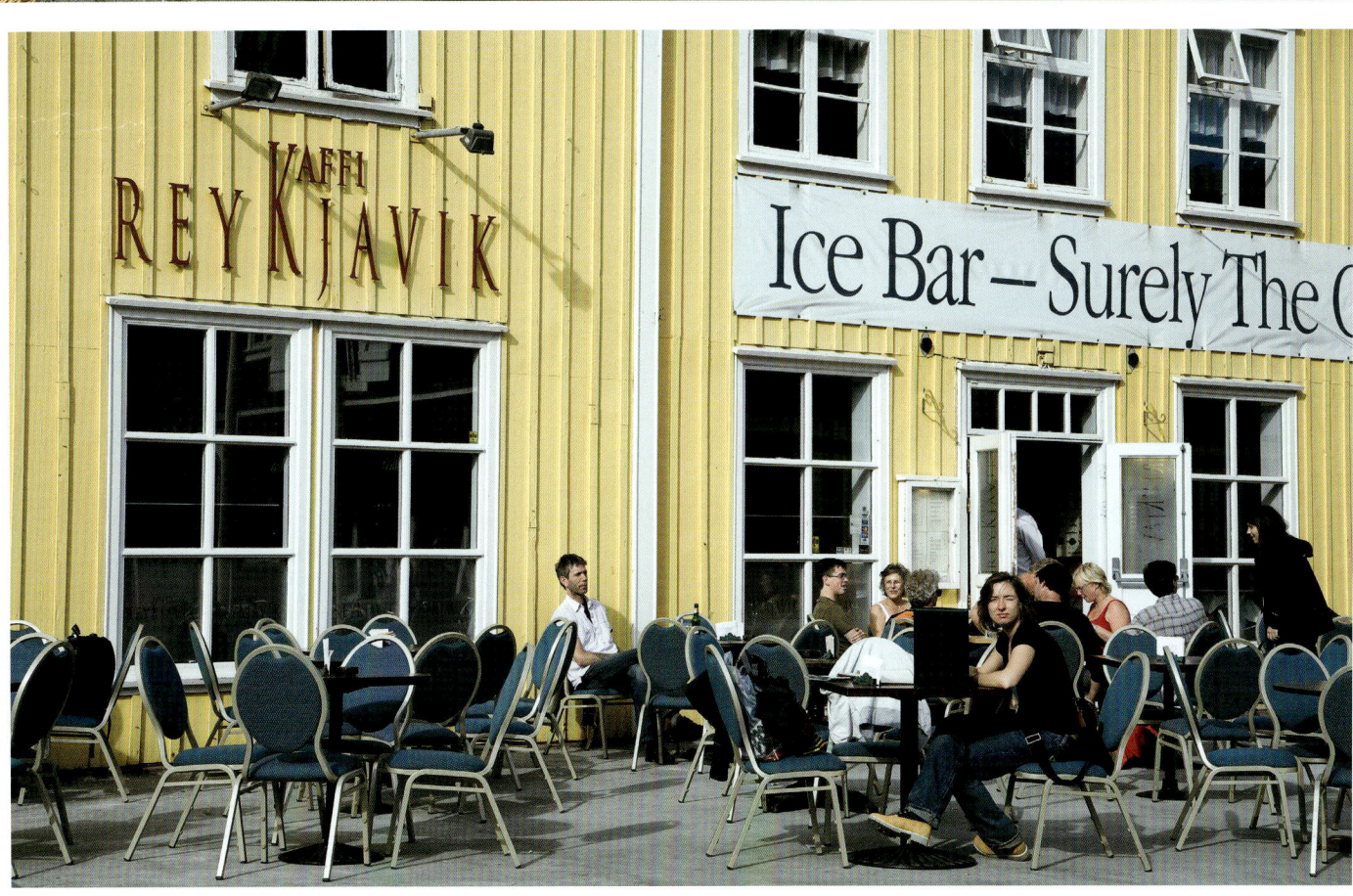

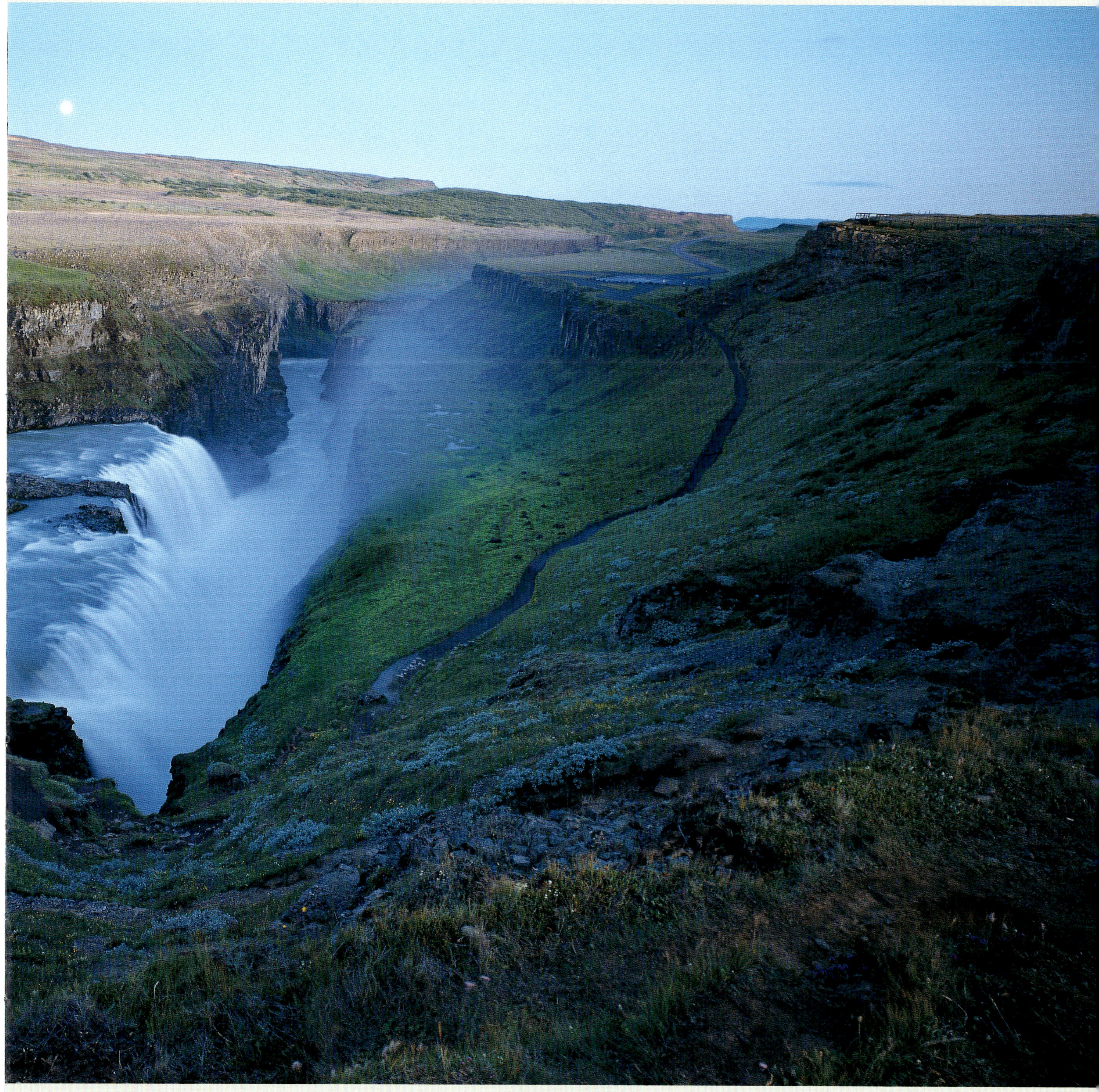

Oben:
Am Platz zwischen Kathe-
drale und Parlamentsge-
bäude von Reykjavík:
Die Isländer lassen sich's
im Sommer in einem Café
wohl sein und nutzen den
Platz für ihre Mittagspause.

Rechts:
Sommerstimmung in der
Innenstadt von Reykjavík.
Nach dem langen Winter
können die Isländer es
kaum erwarten, bis es wieder wärmer wird. Wenn es
dann endlich so weit ist,
wissen sie die Sonne und
die langen Tage mit allen
Sinnen zu genießen.

Oben:
Bei diesem Wetter sitzt es
sich draußen am besten.
Gleich allen Nordländern
verstehen es die Einheimischen, ihr Temperament
entsprechend den Jahres-
zeiten zu dosieren. Das
heißt, die winterliche
Melancholie wird im Som-
mer vertrieben.

Links:
Freundliche Atmosphäre
herrscht in den vielen
Cafés und Kneipen der
isländischen Hauptstadt –
hier im »Te og kaffi«. Allerdings haben die Getränke,
insbesondere alkoholische,
ihren Preis.

31

Rechts:
Im historischen Zentrum von Reykjavík, direkt am Nordufer des Tjörnin-Sees, steht das Neue Rathaus. Der modernistische Bau, 1992 in einer alten Villen-gegend auf einer eigens aufgeschütteten künst-lichen Insel errichtet, findet allerdings nicht nur Zustimmung.

Unten:
Rund drei Jahrhunderte betätigten sich die skandi-navischen Wikinger als Piraten, Landnehmer und Staatsgründer. Dank herausragender nautischer Kenntnisse und moderner Schiffe, auf denen neben dem Vieh eine zwanzig-köpfige Besatzung Platz fand, erreichten sie Island. Dieses Denkmal in Reykjavík erinnert an die Besiedlung des Landes.

Oben:

*»Höfði« ist das Gäste-
haus der Stadt Reykjavík.
In dem sozusagen auf
halber Strecke zwischen
Moskau und Washington
gelegenen knapp 100 Jahre
alten Gebäude trafen sich
1986 Michail Gorbatschow
und Ronald Reagan zu
Gesprächen über politische
Entspannung und Abrüs-
tung.*

Links:

*Im Zentrum von Reykjavík,
hier in der Nähe der Ufer-
promenade Sæbraut mit
der Skulptur eines Wikinger-
schiffes (im Bild rechts
Mitte), sind freie Park-
plätze mittlerweile selten
geworden.*

Der Hügel Öskjuhlið wird von riesigen Tanks gekrönt, die – 24 Millionen Liter fassend – nicht nur als gigantisches Heißwasserreservoir, sondern auch als futuristisches Ensemble von Restaurant, Palmengarten und Ausstellungsraum dienen. Von der sich in einer Stunde um 360 Grad drehenden Kuppel des »Perlan« genannten Baus bietet sich eine weite Sicht auf Reykjavík.

Rechte Seite:
Blick vom Foyer der Heißwassertanks hinauf in die Kuppel des »Perlan«, die eine Cafeteria und ein Feinschmecker-Restaurant sowie einen Aussichtsraum birgt. Insgesamt umfassen die den Besuchern zur Verfügung stehenden Räumlichkeiten eine Fläche von rund 1000 Quadratmetern.

DAS ERSTE PARLAMENT DER WELT UND DER ISLÄNDISCHE FREISTAAT

Die Szenerie könnte großartiger nicht sein: Eine fantastische Lavalandschaft, geschmückt mit Moosen und Flechten, bunten Blumen und niedrigem Gehölz, wird von zwei tiefen Schluchten durchschnitten und von einem großen See begrenzt. Die Rede ist von jenem Platz nicht einmal eine Autostunde nordöstlich von Reykjavík, wo im Sommer 930 das Althing, die Volksversammlung der Isländer, zum ersten Mal zusammenkam und den Freistaat Island ausrief. Þingvellir, der »heilige Ort aller Isländer«, umfasst eine Fläche von rund 50 Quadratkilometern und ist seit 1930 Nationalpark. Rund 1000 Jahre nach dem Freistaat wurde hier am 17. Juni 1944 die Republik Island proklamiert. Das Althing bedeutete den Abschluss der 874 beginnenden Landnahme und den Beginn einer neuen gesellschaftlichen Phase. Waren die nach der Einwanderung entstandenen Godentümer – bei denen es sich zunächst um Tempelgemeinden, später auch um weltliche Zentren handelte – noch nach norwegischem Vorbild organisiert, genügte dies der neuen Entwicklung nicht mehr. Ganze drei Jahre nahm sich der weise Úlfljótur Zeit, um im Mutterland die Gesetze zu studieren und diese den besonderen Bedingungen der neuen Heimat anzupassen. Nach seiner Rückkehr präsentierte er sie in Þingvellir der Volksversammlung. Obwohl er von einem erhöhten Ort, dem heute mit einer Steintafel und der Landesflagge gekennzeichneten Lögberg (Gesetzesfelsen), aus sprach, mussten er und all jene, die ihm als Gesetzessprecher nachfolgten, nicht nur eine gute Stimme, sondern ebenso ein geradezu phänomenales Gedächtnis besitzen. Letztere Fähigkeit war zumindest bis zum Jahr 1117 gefragt, denn bis dahin existierten die Gesetze nur in mündlicher Überlieferung – eben in den Köpfen jener Männer, die sie bei den alljährlichen Parlamentssitzungen auswendig vorzutragen hatten. Neben der Gesetzesgebung war das Parlament für die richterlichen Entscheidungen zuständig. Die Vollstreckung blieb jenen, die Recht bekommen hatten, selbst überlassen. Nachdem lange Zeit die Verbannung die schlimmste Strafe gewesen war, wurden die Missetäter später auch erhängt, ertränkt und erwürgt. Zu den überlieferten Schauplätzen des Althings zählen neben dem Lögberg diverse Hinrichtungsstätten. In der Brennugjá, der Verbrennungsschlucht, starben »Hexen«, während die Drekkingarhylur genannte Ertränkungsplatz jenen Frauen vorbehalten war, die entweder illegitime Kinder zur Welt gebracht oder ihren Ehegatten betrogen beziehungsweise gar um die Ecke gebracht hat-

ten. Die Allmännerschlucht (Almannagjá) wiederum hat ihren Namen von jenen Männern des ersten Parlaments, die sich hier versammelt haben sollen.

Gelage und Ringkämpfe

Im Übrigen ging es auf dem Althing nicht nur gesetzesernst, sondern auch recht lustig zu. Man aß und trank, hielt Markt, stiftete Ehen, trug Gesänge und Gedichte vor und verlustierte sich bei Spielen und Ringkämpfen. Letztere erfreuen sich übrigens in ihrer – glíma geheißenen – isländischen Version nach wie vor größter Beliebtheit. Dabei tragen die Ringer einen Gürtel und einen Schenkelriemen. Mit nur sieben erlaubten Griffen versucht man den Gegner zu Boden zu bringen. Verloren hat derjenige, der mit einem Körperteil oberhalb der Knie die Erde berührt.

Island zählt heute zu den modernsten Staaten der Erde – dennoch spielen die Traditionen eine besondere Rolle. Bis weit ins 18. Jahrhundert gab es keine Dörfer, sondern nur Einzelgehöfte wie zur Sagazeit. Ein solches Torfhaus, 1104 im Þórsá-Tal unter der Lava der Hekla begraben, wurde im vergangenen Jahrhundert wieder freigelegt und rekonstruiert. Sehenswerte, die alte Lebens- und Wohnkultur dokumentierende Grassodenhöfe finden sich unter anderem im Freilichtmuseum von Reykjavík (Árbæjarsafn) sowie in Glaumbær im Norden des Landes.

Letzterer Ort ist mit der Person jenes Þorfinnur Karlsefni verbunden, der um 1000 Leifur Eiríksson auf seinem kühnen Vorstoß nach Amerika begleitet hat. Im Gegensatz zu diesem frühen Entdecker, der wieder nach Island zurückgekehrt ist, suchten zwischen 1870 und 1914 fast 20 000 Isländer in den USA ihr Glück und blieben. Ihnen ist das interessante Auswanderungsmuseum in Hofsós am Skagafjord gewidmet.

Fragt man einen Isländer, welches Ereignis aus der jüngeren Geschichte des Landes er für besonders wichtig hält, wird er vielleicht auf den 1. März 1989 verweisen – um schmunzelnd aufzuklären, dass an jenem Tag das fast acht lange Jahrzehnte während Bierverbot wieder rückgängig gemacht wurde.

Rechts oben:
Mit einer Gruppe gleichgesinnter Studenten setzte Jón Sigurðsson 1845 die Neuetablierung des historischen Alþingi in Reykjavík durch. Er gilt somit als Symbolfigur des neuen, selbstständigen Islands.

Rechts Mitte:
Die Lithographie aus der Zeit um 1845 zeigt die Allmännerschlucht, die den Graben Þingvellir – in dem von 930 bis 1798 das Alþingi tagte – gen Westen begrenzt.

Rechts:
1000 Jahre nachdem der erste offizielle Siedler Ingólfur Arnarson seinen Fuß auf die Insel gesetzt hatte, entstand dieses

Festplakat. Die Karte Islands wird von den Schutzgeistern des Landes – einem Riesen, einem Drachen, einem Vogel und einem Stier – gerahmt.

Linke Seite:
*Auch im Winter beträgt
die Wassertemperatur
der »Blauen Lagune« auf
der Halbinsel Reykjanes
konstant 38 Grad Celsius.
Somit garantieren die Ab-
wässer des geothermischen
Kraftwerkes ganzjähriges
Badevergnügen.*

*Ursprünglich direkt neben
dem Kraftwerk gelegen,
hat der Badesee seit 1999
einen etwas entfernteren
neuen Standort. Statt des
alten Lavabeckens gibt es
jetzt eine moderne und
großzügige Badelandschaft
mit allem Komfort.*

*Geblieben ist die von den
Algen und der Kieselsäure
rührende milchig-blaue
Farbe des Wassers, die –
je nach Lichtverhältnissen –
von Türkis bis Tiefblau
wechselt, sowie dessen
erstaunliche Heilwirkung
bei verschiedenen Haut-
krankheiten wie der
Schuppenflechte.*

Rechts:
Namensgebend für den Skógafoss ist der Fluss, der hier sein Wasser über jene Felsen stürzen lässt, die – als der Meeresspiegel noch höher lag – die Küstenlinie gebildet haben. Da »Skógar« Wald heißt, geht man davon aus, dass die ersten Siedler hier noch Bäume vorgefunden haben.

Rechte Seite:
1978 wurde der Skógafoss unter staatlichen Schutz gestellt. Der Wanderer stößt bergwärts noch auf eine Reihe kleinerer Wasserfälle und in Ytri-Skógar, in einem alten Torfhaus, auf ein originelles Privatmuseum – das von einem Original eingerichtet wurde und von ihm auch auf äußerst interessante und vergnügliche Weise präsentiert wird.

Seite 42/43:
Auch im Winter ein Touristenmagnet: Der Gullfoss. Der spektakuläre Wasserfall stürzt sich in zwei Stufen 32 Meter in die Tiefe. Das Wasser liefert der Gletscherfluss Hvítá, der im Lauf von etwa 10 000 Jahren eine tiefe Schlucht in die Hochfläche gegraben hat.

Oben:
Islandpferde wachsen in ihrer Heimat in der freien Natur auf und nur die Reittiere verbringen den Winter im Stall. Das Zureiten erfolgt erst mit vier bis fünf Jahren und erfordert viel Zeit. Dafür behalten die Pferde noch im Alter von 20 bis 25 Jahren ihre volle Leistungsfähigkeit.

Unten:
Hof in der Nähe von Reykjavík. Die rund 4000 Bauern garantieren die Selbstversorgung ihres Landes mit Fleisch- und Molkereiprodukten. Von den rund eine halbe Million Schafen geht ein Teil in den Export. In den letzten Jahren nimmt auch die Zahl der Kühe zu.

Links:
Hellisheiði heißt ein Hochplateau im Südwesten der Insel mit ausgedehnten, moosbewachsenen Lavafeldern. Die Gegend

südlich des Zentralvulkans Hengill, dessen letzte Eruption ungefähr zwei Jahrtausende zurückliegt, ist ein beliebtes Wandergebiet.

Unten:
Berglandschaft bei Borgarnes. Das 1750-Einwohner-Städtchen im Westen Islands war die Heimat des Sagahelden Egill.

Unten:
Skálholt war von 1056 bis 1785 als Bischofssitz von überragender Bedeutung für die Geschichte und Kultur des Landes. Die Kirche wurde 1963

geweiht. Sie birgt in der Krypta die Gräber isländischer Bischöfe. Dank seiner ausgezeichneten Akustik wird das Gotteshaus auch als sommerliche Konzertstätte genutzt.

Oben:
Das Wasserkraftwerk Búrfellsvirkjun liefert seit 1969 den Strom für die Aluminiumfabrik Straumsvík.

Seine Kapazität beträgt 210 Megawatt und damit mehr als die Hälfte aller Wasserkraftwerke des Landes. Das Wasser liefert

der Fluss Þjórsá. Er wird durch Tunnel und Kanäle zum Kraftwerk geleitet.

Oben:
Im Hochland bei Hrauneyjar. Durch die wüstenartige Landschaft führt die berühmt-berüchtigte

Sprengisandur-Route, die erst ab Mitte Juli den kurzen Sommer über befahrbar ist. Apropos befahrbar: Die erste

Durchquerung mit dem Auto erfolgte in den Dreißigerjahren des vergangenen Jahrhunderts.

Links:

Im Naturpark Þórsmörk: In unzähligen Armen wälzt sich der Krossá-Fluss durch das Tal des Donner-gottes Thor meerwärts.

Auch heute bleiben die Autos Unerfahrener ziemlich oft stecken und es kommt immer wieder zu Unfällen mit tödlichem Ausgang.

Unten:

Das »Landnahmebuch« vermeldet, dass die ersten Siedler in der Gegend von Þórsmörk Ásbjörn und Steinfinnur Reyrketilsson hießen. Heute zieht es vor allem Wanderer in das wilde Tal.

Unten:

Auf der Ringstraße bei Vík í Mýrdal. Die legendäre Autoroute rund um die Insel ist inzwischen, abgesehen von einigen

Abschnitten im Osten, fast vollständig asphaltiert. Eine nicht zu unterschät-zende Gefahrenquelle sind die freilaufenden Schafe.

Oben:

Bestimmte Gebiete von Þórsmörk, so das nördlich gelegene Húsadalur, kann man direkt mit dem Linienbus erreichen.

Oben:

Blick von Dýrholaey, einem mehr als hundert Meter steil zum Meer hin abfallenden Kap, in dessen bizarr

geformten Basaltwänden Tausende von Seevögeln brüten, zum eisbedeckten Mýrdalsjökull.

Von Trollen, Elfen und Feen – das verborgene Volk

Norwegens Trolle, Irlands Elfen oder Frankreichs Feen leben vor allem in den Legenden und Märchen beziehungsweise den Regalen der Souvenirgeschäfte, wo sich die eigentlich Unsichtbaren in Plastik, Porzellan oder Plüsch zeigen und brav auf ihre Käufer warten.

In Island hingegen ist das ganz anders. Dortzulande gehört der Umgang mit diesem Geistervolk fast zur täglichen Realität. »Ob Politiker oder Mitglieder der Straßenbaubehörde, sie alle sagen, dass es auch rein finanziell nicht lohnt, deren Existenz zu ignorieren« – so der Historiker Magnús H. Skarphedinsson, der seit zwei Jahrzehnten die Berichte seiner Landsleute über diesbezügliche Begegnungen und Erlebnisse sammelt und dokumentiert. Näheres zu diesem Thema erfährt man in der von ihm gegründeten »Elfschool« in Reykjavík. Kann man sich noch bei seinem einführenden Vortrag das Schmunzeln nicht verkneifen, kommt man während des anschließenden Spazierganges zu den mystischen Orten Reykjavíks ins Grübeln. Gibt es doch allein in der Hauptstadt mehr als ein Dutzend angeblicher Aufenthaltsstätten des »Verborgenen Volkes«, die sogar unter gesetzlichen Schutz gestellt wurden. Der wohl bekannteste geschützte Stein findet sich an der Peripherie der Stadt, wo sich die Ringstraße gen Norden und Süden gabelt. Da die Straße mehrmals verbreitert werden musste, stand er jedes Mal im Wege. Kein Wunder, dass die Unterirdischen sich wehrten: Bohrer zerbrachen, Planierraupen streikten, Arbeiter erkrankten. Ehe diese Geschichte in einen Elfenkrieg mündete – der auch für isländische Verhältnisse ein Novum gewesen wäre – gelang es einem Medium, Kontakt zu den »Verborgenen« herzustellen und sie mit den Menschen auszusöhnen.

Die Hauptstadt der Elfen

Trotz dieser spektakulären Geschehnisse gilt nicht Reykjavík, sondern das etwa 10 Kilometer entfernte Hafnarfjörður als »Hauptstadt der Elfen«. Die mitten in einem alten Lavafeld errichtete Kommune zählt heute rund 26 000 Einwohner – oberirdische und sichtbare wohlgemerkt –, während sich unter der Erde und den meisten Blicken entzogen noch viel mehr aufhalten sollen. Der »Dvergasteinn« (Zwergenstein) neben der Kirche oder jener Felsen, der die Merkurgata fast zusperrt, vor allem aber der »Hamarinn« genannte Lavahügel im Herzen der Stadt, in dem Elfen königlichen Geblüts Hof halten sollen, gelten als unübersehbare Zeichen ihrer Anwesenheit. Ihnen ganz nahe

zu kommen, hilft der »Stadtplan der Verborgenen Welt in Hafnarfjörður«. Er beruht auf den Erkenntnissen der Seherin Erla Stefánsdóttir, die allen Interessierten verspricht: »Sobald man die Verborgenen Wesen wahrnimmt, die in jedem Vorgarten hausen, wird die Lava auf ganz besondere Art lebendig.«

Auch wer solche Bekanntschaft nicht ausdrücklich sucht, wird sich ihr auf Island nicht entziehen können – und sei es bei den vielen Orts- und Straßennamen mit der Silbe »álf« (Elfe). Der romantischste elfische Ort auf der Insel macht darin freilich eine Ausnahme. Er heißt Borgarfjörður eystri und versteckt sich zwischen bizarren Bergen und dem Meer. Wenn man von Egilsstaðir in nordöstliche Richtung fährt, dünkt einem die felsene Barriere als das Ende der Welt. Näher gekommen entdeckt man dann einen hellen Strich, eine Zeichnung, die im Zick-Zack die Wände hinaufführt und weiter in die Wolken hinein. Das Felsbild entpuppt sich als Straße, die schon von unten Schwindel erregt. Doch da, wie gehört, die einheimischen Wegebauer mit den guten Geistern kooperieren, besteht kein wirklicher Grund zur Ängstlichkeit. Auf der Passhöhe eröffnen sich fantastische Aussichten. Verloren fast erscheint die Straße hinunter zum Meer, die sich die Felsen entlang schwingt und sich dann gar darin zu verlieren scheint. Wenn man schon nicht mehr daran glaubt, dass dieser

Weg überhaupt ein Ende hat, mündet er in eine Bucht. Eine Hand voll Häuser, eine kleine Kirche und daneben ein großer Felshügel. Die Álfaborg ist Sitz der Elfenkönigin, wie eine ganze Reihe von Legenden zu berichten weiß. Und auch wenn den meisten deren Anblick verborgen bleibt, entdeckt sich in der Umgebung zumindest ein Teil ihres Geschmeides – bunte Mineralien, die die Felswände schmücken. Wer angesichts dieses betörenden Schauspiels noch immer an der Existenz des »Verborgenen Volkes« zweifelt, kann immerhin das Altarbild des kleinen Gotteshauses bewundern, das Christus bei der Bergpredigt auf der Álfaborg zeigt.

Links:

Die Elfen- und Trollmasken der Künstlerin Erla Stefánsdóttir zeigen, wie sie die Unsichtbaren sieht.

Lavastrand beim Kap
Dýrholaey – dessen Name
»Türhügelinsel« von
einem Felsvorsprung mit
einem großen Naturtor
stammt, durch das bei
gutem Wetter Ausflugs-
schiffe fahren. Die Zufahrt
zum Kap ist jedoch vom
1. Mai bis zum 25. Juni
wegen brütender Seevögel
gesperrt.

Seine Existenz verdankt
Dýrholaey einem sub-
marinen Vulkanausbruch
vor ungefähr 80 000 Jahren.
Die einstige – heute
verlandete – Insel ist von
schwarzen Lavastränden
umgeben und wird von
einem Leuchtturm aus
dem Jahre 1910 überragt.

Unten:
Die Zahl der in Island beobachteten Vögel ist, zumindest für die Nordhalbkugel, enorm. Von den rund 300 Arten nisten ungefähr 70 auf der Insel. Die Papageientaucher

gelten gewissermaßen als die Penthouse-Bewohner der Klippen. Das heißt, sie haben ihre Nester ganz oben: in Höhlen, die sie entweder selbst gegraben oder von Kaninchen übernommen haben.

Seite 56/57:
Im Vordergrund die Muschelsandbank Hraunlandarif, im Hintergrund der weiße Gipfel des Snæfellsjökull. Am ein-

drucksvollsten wirkt der legendäre Berg mit dem markanten Doppelgipfel freilich nicht vom Land, sondern vom Meer aus.

Rechts oben:
Zum Lebensraum der Raubmöwe zählen sowohl die Vogelfelsen als auch die flachen Küsten und das Landesinnere. Das

Fleisch und die Eier aller Möwenarten waren über Jahrhunderte hinweg als Nahrungsmittel geschätzt. Das tranige Fleisch diente außerdem als Brennmaterial.

Rechts Mitte:
Junge Küstenseeschwalbe: Die möwenähnlichen Vögel mit schwarzer Kappe und blutrotem Schnabel attackieren jeden, der in ihre Brutkolonien eindringt und machen auch vor Menschen nicht Halt.

Rechts unten:
Der Vogelfreund findet auf Island eine reiche Vielfalt nicht nur an Wasservögeln. Wer alle Arten bestimmen will, braucht Spezialkenntnisse.

Rechts:
Einer der schönsten Aussichtspunkte der Südküste sind die Klippen von Dýrholaey. Sie liegen nicht weit von der Ringstraße entfernt.

Unten links:
Jahr für Jahr werden mehr und mehr Abschnitte der Ringstraße asphaltiert. Die berühmt-berüchtigten Pisten auf Schotter, Lavaasche oder Sand finden sich nur noch im Osten der Insel.

Unten rechts:
Für Reisende mit eigenem Wagen, wie für diese hier aus Aschaffenburg, ist es ein langer Weg nach Island – auch die kürzeste Überfahrt dauert noch fünf Tage.

Oben:
Der Hafen von Heimaey auf den Westmännerinseln. Dahinter liegt jener neue Vulkan namens Eldfell, dessen insgesamt fünf Monate während Ausbruch von 1973 die Evakuierung der 5300 Inselbewohner nötig gemacht und Islands größten Fischereihafen akut gefährdet hatte.

Rechts:
Während der damaligen Katastrophe waren etwa ein Drittel der Häuser zerstört und die übrigen unter einer dicken Asche-schicht begraben worden. Menschen kamen jedoch nicht zu Schaden. Die meisten Bewohner kehrten wieder auf ihre Insel zurück und erwirtschaften heute rund 10 Prozent des gesamten isländischen Fischexportes.

60

Oben:
Die Westmännerinseln umfassen etwa 15 Eilande und noch einmal so viele Schären. Der erste offizielle Siedler ließ sich hier um 900 nieder. Bis heute ist Heimaey die einzige bewohnte Insel des Archipels geblieben.

Links:
Blick von dem »schlafenden« Vulkan Eldfell mit 227 Metern Höhe auf Heimaey. Wie gut zu erkennen ist, reicht die junge Lava fast bis an die ersten Häuser.

Unten:
Die Fischindustrie ist
Islands wichtigster Wirt-
schaftszweig. Ungefähr
zwei Drittel aller Export-

einnahmen – wichtigste
Abnehmer sind die
USA, die europäischen
Staaten und Japan –
gehen auf ihr Konto.

Rechts oben:
In einem fischverarbeiten-
den Betrieb auf der West-
männerinsel Heimaey.
Auf der Grundlage der
200-Meilen-Zone werden

rund 760 000 Quadratkilo-
meter als nationale Fisch-
gründe genutzt. Um diese
Gewässer nicht gänzlich
leer zu fischen, legt die
Regierung alljährlich be-
stimmte Fangquoten fest.

Rechts Mitte:
Obwohl in den Neunziger-
jahren des vergangenen
Jahrhunderts zwei Betriebe
schließen mussten, zählt
Bolungarvík noch immer
zu den wichtigsten Fische-
reiorten des Landes.

Rechts unten:
Islands fischverarbeitende
Industrie – hier ein Betrieb
auf Heimaey – ist zwar
hochtechnisiert, aber der
Mensch wird trotzdem
noch gebraucht. Die wich-
tigsten Nutzfische sind
Kabeljau, Rotbarsch,
Schellfisch, Seelachs
sowie die Lodde.

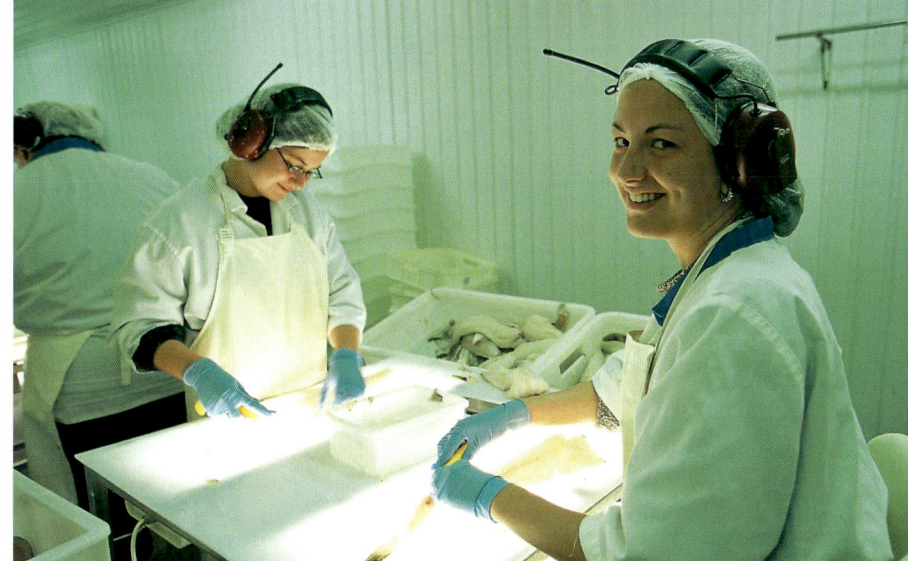

63

Seite 64/65:

Landschaft am Dýrafjörður.
Während in Meeresnähe
der kahle Fels dominiert,
findet man im Innern des
40 Kilometer langen Fjords
deutlich mehr Grün.

Blick auf Þingeyri am
Dýrafjörður. Der alte
Gerichts- und Handels-
platz an dem für seinen
Fischreichtum bekannten
Fjord zählt heute gerade

einmal knapp über
300 Einwohner. Bergwan-
derer schätzen die Ort-
schaft als Ausgangspunkt
für Touren in die »Alpen
der Westfjorde«.

Fjordlandschaft bei Hrafnseyri. Der Ort liegt zwar nicht weit von Þingeyri entfernt, doch um dorthin zu gelangen, bedarf es einer eindrucksvollen, bei schlechtem Wetter aber nicht ungefährlichen Passfahrt bis auf rund 550 Meter Höhe.

Von Göttern und Helden – die grosse isländische Literatur

»Ragnarök« ist der altnordische Name für die Schicksalsstunde der Erde. Dem Untergang der Menschen und Götter gehen drei Jahre erbitterter Kämpfe voraus: Axtzeit und Schwertzeit, Windzeit und Wolfszeit. Der Sohn schont den Vater nicht und der Vater nicht den Sohn. Die Götter meucheln sich gegenseitig und setzen zuletzt die Welt in Flammen. Surt heißt der Erfinder jener bis heute bekannten Taktik der »Verbrannten Erde«.

Doch nach diesem Weltfeuer erhebt sich eine neue Erde aus dem Meer, eine neue Sonne fährt über den Himmel. Die beiden Menschen, die sich versteckt gehalten und vom Morgentau genährt haben, kommen nun hervor, und von ihnen stammen neue Geschlechter ab, die weder Leid noch Not oder Bosheit, sondern nur Unschuld und Freude kennen.

»Da wird der Höchste / herrschen, / der Starke von oben, / der allem gebietet«, heißt es in der »Edda«, eine der großen alten Dichtungen der Weltliteratur. Die darin enthaltenen Götter- und Heldenlieder entstanden zwischen dem 8. und dem 12. Jahrhundert, einige sollen noch älter sein. Entdeckt wurde die Liedersammlung erst vor rund 350 Jahren von Brynjólfur Sveinsson, einem Bischof. Doch als der die anonymen Handschriften zu entziffern begann, erlebte er eine Überraschung. Kannte er doch nicht wenige der Akteure und Geschehnisse bereits aus der »Prosa-Edda« des Snorri Sturluson, die – um 1220 entstanden – schon länger bekannt war. Offenbar hatten die später »Lieder-Edda« genannten Handschriften als Vorlage gedient. Apropos Sturluson. Durch ihn wissen wir von den Skalden, einer Art nordische Troubadoure, die an den Höfen ihre Gedichte vortrugen. Im Gegensatz zu den Schöpfern der »Edda«-Lieder sind ihre Namen bekannt. Der Berühmteste von ihnen hieß Egill Skallagrímsson. Wir kennen ihn auch aus den Sagas, den – neben der »Edda« – zweiten großen Beitrag der Isländer zur frühen Literatur.

Sagas – Geschichte in Mythen

Größtenteils im 13. Jahrhundert niedergeschrieben, schildern diese Prosaerzählungen die blutigen Auseinandersetzungen im ersten Jahrhundert des isländischen Freistaates. Im Kampf um die Macht waren schon damals Mord, Totschlag und Krieg die üblichen Mittel. Dass diese Geschichten über die Jahrhunderte hinweg den Isländern so wichtig und oft bis ins kleinste Detail vertraut geblieben sind, liegt vor allem daran, dass man dort noch fast die gleiche Sprache spricht wie zu mittelalter-

lichen Zeiten. Ein anderer wichtiger Grund ist, dass viele der Schauplätze genau zu lokalisieren sind. So zum Beispiel am Rande der Ortschaft Borgarnes der Hof Borg á Mýrum, der dem bereits erwähnten Helden Skallagrímsson und seiner Familie gehörte. Noch weiter zurück, in die Zeit der ersten Besiedlung, reicht die Namensgebung des Álftafjörður, des Schwanenfjordes. Im Südosten des Landes gelegen, ist dieser von den Zeiten der Landnahme bis heute, also mehr als 1000 Jahre, für seine vielen Singschwäne bekannt.

Bei so vielen konkreten Bezügen ist es kein Wunder, dass die Isländer ihre Sagas lange Zeit für bare Münze, also für Geschichte statt für Fiktion hielten und sich so in die »Gefangenschaft des geschriebenen Wortes« begaben. Der Vorwurf kommt von einem, der es wissen muss. Halldór Laxness, dessen mit dem Nobelpreis geehrtes Werk den aktuellen Beitrag des kleinen Landes zur großen Literatur der Welt verkörpert, hat sich mit seinem in zwei Dutzend Sprachen übersetzten und von den Isländern als modernes Nationalepos geschätzten Roman »Die Islandglocke« (1943/1946) sowohl stofflich als auch thematisch ganz bewusst in die Nachfolge der Sagaliteratur gestellt. Eine der Hauptfiguren des Buches, der Gelehrte Arnas Arnaeus, trägt die Züge jenes legendären Professors Árni Magnússon, der sein Leben lang mit großer Leidenschaft alte Handschriften aufgespürt und sie vor der Vernichtung bewahrt hat. Und wie bei den Saga-Orten lohnt hier eine literarische Spurensuche: Beispielsweise zu jenem verlassenen Bauernhof am Sænautavatn, den wir aus »Winternacht auf der Jökuldalsheiði« kennen, oder zum Grassodenhof Hvalnes an der Ostküste, wo »Das wiedergefundene Paradies« verfilmt wurde. Die für den berühmten Roman namensgebende Islandglocke schließlich ist ein fast 1000 Jahre altes Geschenk des norwegischen Königs Olav und hängt heute in der Kirche von Þingvellir.

Rechts:
Isländische Familie bei einer Sagalesung. Das Gemälde stammt aus dem Jahre 1861 und ist im Besitz des National-museums in Reykjavík.

Links:
In mittelalterlichen Perga-menthandschriften sind die sogenannten Sagas überliefert, Geschichten über nordische Könige, Helden und Ritter.

Rechts:
Während der alljährlichen zweiwöchigen Zusammen-künfte des Alþingi in Þingvellir wurden nicht nur Gesetzestexte beraten und Urteile gefällt. Man trug auch die alten Helden-geschichten und -lieder vor und hielt sie so in Erinnerung.

Rechts:
Egill Skallagrímsson – hier auf einer Darstellung des 17. Jahrhunderts – war Sagaheld und Literat zugleich. So soll er dank seiner Dichtkunst sogar sein Leben gerettet haben, indem er dem Wikinger-könig, der ihn zum Tode verurteilen ließ, ein Loblied sang.

Ganz links:
Wichtigstes Utensil des altnordischen Gottes Thor (Donar) war sein Hammer. Die Abbildung zeigt einen solchen als bronzenes Amulett. Der Fund stammt aus dem südlichen Teil der Insel.

Links:
*Kirche in Hrafnseyri.
Der Name geht auf Hrafn
Sveinbjarnarson zurück –*

*den ersten Arzt des
Landes, der sich einer
akademischen Aus-
bildung rühmen durfte.*

Unten:
*In Hrafnseyri wurde Jón
Sigurðsson, der große
Kämpfer für die Unab
hängigkeit des Landes,
geboren. Neben seinem*

*liebevoll restaurierten
Geburtshaus, das rund
200 Jahre zählt, lohnt
auch das ihm gewidmete
Museum einen Besuch.*

Unten:
*Blönduós im Licht der
untergehenden Sonne.
Die knapp 800 Einwohner
zählende Ortschaft zu
beiden Seiten des*

*Gletscherflusses Blanda
im Nordwesten des Landes
war bereits vor 1000 Jahren
besiedelt. 1876 erhielt sie
Hafen- und Handelsrechte.*

Oben links und rechts:
*In der wieder aufgebauten
Fischereistation Ósvör von
Bolungarvík werden die*

*harten Lebens- und Arbeits-
bedingungen der Fischer
dokumentiert. Sie umfasst
ein Wohnhaus, das der*

*Besatzung von zwei Booten
Unterkunft bot, und Neben-
gebäude für die Gerät-
schaften. Die Einrichtung*

*aus dem Anfang des
20. Jahrhunderts ist
größtenteils noch
original erhalten.*

Oben:
Mit knapp 3000 Einwohnern
ist Ísafjörður der größte
Ort im Nordwesten Islands.
Im 16. Jahrhundert unter-
hielt hier die Hanse einen
bedeutenden Handelsplatz.
1866 wurde Ísafjörður
das Stadtrecht verliehen.

Rechts:
Im »Landnahmebuch«
wird Helgi Hrólfsson als
Gründer von Ísafjörður
genannt. Der Name für
den Fjord und die Ort-
schaft Skutulsfjörður,
»Harpunenfjord«, soll
ebenfalls auf ihn zurück-
gehen. Sein Hof stand
auf der Landzunge Eyri.

Oben:
Mit kräftigen Farben
setzt sich der Leuchtturm
bei Bolungarvík von seiner
Umgebung im nördlichsten
und ältesten Siedlungs-
gebiet der Westfjorde ab.

Links:
Der Hafen von Ísafjörður
ist nach allen Richtungen
hin geschützt und bietet
beste Voraussetzungen
für die Fischereiflotte.
Ein Schifffahrtsmuseum
dokumentiert das Leben
der Menschen in den
Westfjorden.

Unten:

Lavafelsen am Hestfjörður.
Der lange, schmale Fjord
hat sein Gegenstück im
Seyðisfjörður. Die Halb-
insel dazwischen wird von
dem markanten Hestur-
Berg dominiert.

Links:

Verlassenes Haus am
Hrútafjörður im Nord-
westen der Insel. Die
Landflucht ist nach wie
vor ein Problem auf Island.

So idyllisch die Gehöfte
auch gelegen sind, so groß
sind die mit der Abge-
schiedenheit verbundenen
Schwierigkeiten.

Unten:

Lachsangler in den
Westfjorden. Die Haupt-
saison reicht vom 20. Juni
bis Mitte September. Eine
Lizenz muss bei der Natio-
nal Angling Association
beantragt werden.

Direkt an der Straße Nr. 61
findet man diesen beein-
druckenden Wasserfall in
den Westfjorden.

Als wichtigster Lachsfluss
Islands gilt der Laseá.
Doch auch anderswo, wie
hier in Blönduós, an der

Mündung des 125 Kilo-
meter langen Blanda, ist
reicher Fang garantiert.

Der Blanda-Fluss bei Blönduós. Ganz in der Nähe findet man einen bedeutenden Ort isländischer Geschichte: In Þingeyrar, das 1133 als erstes Kloster des Landes errichtet wurde, wurden viele Sagas niedergeschrieben.

Flusslandschaft bei Varmahlíð. Diese Gegend war Schauplatz besonders vieler Begebenheiten aus der Saga-Literatur. So fand 1246 am heute verlassenen Hof Haugsnes die größte Schlacht des mittelalterlichen Island statt.

Rechts:
Es gibt, außer den voll-
blütigen Arabern, keine
andere Rasse, die über
Jahrhunderte hinweg so
rein gezüchtet wird wie die
der Islandpferde. Stamm-
vater war das Fjordpony,
das mit den ersten Sied-
lern auf die Insel kam und
schon im 10. Jahrhundert
durch ein Importverbot
geschützt wurde.

Unten:
Dieser 1000-jährigen
Isolation verdankt das
Islandpferd ganz besondere
Eigenschaften – so die
Fähigkeit, sich in fünf Gang-
arten fortzubewegen.
Neben dem Schritt, Trab
und Galopp beherrscht es
noch den Pass und den Tölt.

Oben:
Auf Island gibt es ungefähr 80 000 dieser Pferde; in Deutschland sollen es inzwischen rund 30 000 sein. Die Bestimmungen sind drastisch: Ein Tier, das die Insel verlässt, darf nie mehr zurück.

Links:
Aufgrund ihrer Widerstandskraft spielen die Schafe nach wie vor die weitaus größte Rolle in der landwirtschaftlichen Tierhaltung und, zusammen mit den Fischgerichten, auch auf der traditionellen Speisekarte. Man genießt das Fleisch geräuchert und gepökelt oder als Wurst. Gewöhnungsbedürftig ist der gesengte Lammkopf.

Seite 80/81:
Die Stadt Siglufjörður (»Schiffsmastfjord«) in Nordisland war früher der wichtigste Fischereihafen für den Heringsfang. Hier wurden pro Jahr bis zu 30 000 Fässer Salzhering abgefüllt. Nach dem Ausbleiben der Heringsschwärme mussten sie sich umstellen. Unter anderem auf Garnelen und Dorsch.

Blick auf Ólafsfjörður. Da das ehemalige Exportprodukt Nr. 1, der Trocken- oder Stockfisch, heute nur noch eine geringe Rolle spielt, werden auch solche Gestelle zum Trocknen, wie man sie im Vordergrund sieht, immer seltener.

Die Meeresströmungen und der Wind machen es möglich, dass dieses Treibholz aus Sibirien hierher in den Steingrímsfjörður gelangt.

Das bekannteste und interessanteste Freilicht-museum des Landes befindet sich in Glaumbær. Um den alten Grassoden-hof, der bis vor einem halben Jahrhundert noch bewohnt war, gruppiert sich inzwischen eine ganze Reihe anderer historischer Gebäude.

Der alte Hof von Glaumbær besitzt Wände aus Torf. Nur die Vorderfront ist mit Holz verschalt. Die Einrichtung stammt vornehmlich aus dem 19. und 20. Jahrhundert.

Seite 84/85:
Glaumbær war von Beginn an Pfarrhof. Die erste Kirche wurde Mitte des 11. Jahrhunderts errichtet. Die ältesten Teile des heutigen Anwesens sind mehr als 200 Jahre alt.

Die letzten Schotterpisten – der Osten

Rechts:

*Der Goðafoss im Winter-
kleid. Das Klima auf Island
ist wesentlich milder als
es die geografische Lage
der Insel und ihr Name
vermuten lassen. Der Golf-
strom macht es möglich.
Hingegen darf man Be-
ständigkeit nicht erwarten.
»Wenn dir das Wetter nicht
gefällt, brauchst du nur ein
wenig zu warten« – raten
die Isländer.*

Hier gibt es sie noch, jene berühmt-berüchtigten Abschnitte der Ringstraße, die noch keinen Asphalt tragen. Die Begegnung mit ihnen
ist dementsprechend hart und holprig. Fast
100 Kilometer Einsamkeit bietet die nahezu
vegetationslose, doch trotzdem alles andere als
langweilige Berg- und Wüstenpiste zwischen
Egilsstaðir und dem Mývatn. Man hat das Ge-
fühl, als sei man im Hochland unterwegs. Und
wenn dann plötzlich ein Gehöft – es ist wirklich
das einzige an dieser Strecke – auftaucht und
sich als Fjallakaffi, also als Bergcafé, ausgibt,
glaubt man tatsächlich an eine Fata Morgana.
Zurück zum Mývatn. Der See und seine Umgebung sind wirklich atemberaubend. Es fehlen
eigentlich nur die Gletscher. Kein Wunder also,
dass sich hier – nach Reykjavík – die meisten
Besucher konzentrieren. Denn als Ausgangspunkt für die weitere Erkundung des östlichen
Parts der Insel ist der Mývatn ebenfalls geeignet.
Der Superlative gibt es auch hier nicht wenige.
So birgt der Jökulsárglijúfur-Nationalpark den
größten Fluss-Canyon der Insel. 25 Kilometer
lang und teilweise 100 Meter tief, lockt er mit
fantastischen Basaltwelten und einem Wasserfall nach dem anderen. Und während von allen
Beobachtungsplätzen in Húsavík die Chancen am
größten sind, nicht nur eine lustige Seefahrt,
sondern auch die Riesen der Meere zu erleben,
kommt man auf der Halbinsel Melrakkaslétta
dem Polarkreis auf drei Kilometer nahe.
Das große Eis freilich findet sich nicht hier,
sondern im Südosten des Landes. Stellenweise
1000 Meter dick und rund 8000 Quadratkilometer groß ist die Gletscherhaut des Vatnajökull. Und selbst seine Kinder, die er tal- oder
meerwärts schickt, sind teilweise noch größer
als die Alpengletscher.

Seite 88/89:
Am Álftafjörður. Die Namensgebung des Schwanenfjordes reicht in die Zeit der ersten Besiedlung zurück. Wie schon vor mehr als 1000 Jahren fühlen sich hier noch heute die Singschwäne besonders wohl.

Rechts:
Der Gletscherfluss Jökulsá á Fjöllum speist nicht nur Europas größten Wasserfall, den Dettifoss, sondern auch den etwa einen Kilometer weiter südlich gelegenen Selfoss.

Ganz rechts:
Blick vom östlichen Ufer auf den Dettifoss. Der inmitten einer kahlen Steinwüste gelegene Wasserfall gilt mit einer Höhe von mehr als 40 Metern und einer Wasserführung von über 200 Tonnen pro Sekunde als der größte Wasserfall Europas.

Islands Pferdezüchter sind zu Recht stolz auf ihre Tiere, wie hier bei einer Vorführung auf dem Großgehöft Einarsstaðir im Norden des Landes. Turniere und Leistungsschauen, bei denen die Pferde auf dem Prüfstand stehen, geraten zu richtigen Volksfesten, wo nicht nur die Tiere und ihre Züchter, sondern auch die Zuschauer voll bei der Sache sind.

Oben:
Die Kirche von Laufás
stammt aus dem Jahre
1865. Ihr Bauherr war
der spätere Bankdirektor
Tryggvi Gunnarsson,
der hier geboren wurde.

Links:
Der zwischen 1840 und
1870 erbaute und bis
1936 bewohnte Pfarrhof
zu Laufás mit seinen
verschiedenen Gebäuden
ist eines der schönsten
bäuerlichen Anwesen
des Landes. Die Geburts-
stätte des Dichters Björn
Halldórsson (1823–1882)
steht heute unter
Denkmalschutz.

Links:
Obwohl mit knapp 40 Quadratkilometern nur der viertgrößte See des Landes, ist der Mývatn zweifellos der bekannteste.

Die vielen Besucher kommen wegen der malerischen Seelandschaft und der vielen grandiosen Naturschönheiten in der Umgebung.

Unten:
Der Mývatn verdankt seine Entstehung zwei vulkanischen Eruptionen vor 3700 und 2000 Jahren. Er ist ziemlich flach – seine tiefste Stelle beträgt nicht einmal fünf Meter.

Unten:
Namensgebend für den Mývatn waren die riesigen Mückenschwärme. Doch was des Menschen Plage, ist der Vögel und Fische Freude.

Oben:
Die von kleinen Buchten geprägte Uferlinie sowie die vielen, oft winzigen Inseln – mit Slútnes im

Nordwesten als wohl schönste – bieten immer neue, überraschende An- und Aussichten.

Oben:
Das Mývatn-Gebiet zeigt sich in schönstem Grün. Der teils üppige Bewuchs der Uferstreifen bietet

vielen Vögeln Nistgelegenheiten. So finden sich hier – außer der Eiderente – alle Entenarten Islands.

Rechts:
Der Winter verändert das Gesicht der Landschaft am Mývatn. Der Schnee bedeckt die im Sommer so bunt schillernden Solfatarenfelder. Einziger Kontrast ist hie und da die dunkle Lava.

Unten:
Bei dieser Winteridylle könnte man fast vergessen, dass darunter – in gefährlicher Nähe zur Oberfläche – die Erdfeuer lodern. Doch es gibt Zeichen: eine Rauchsäule zum Beispiel oder einen schneefreien Flecken beziehungsweise einen eisfreien See in ansonsten frostiger Umgebung.

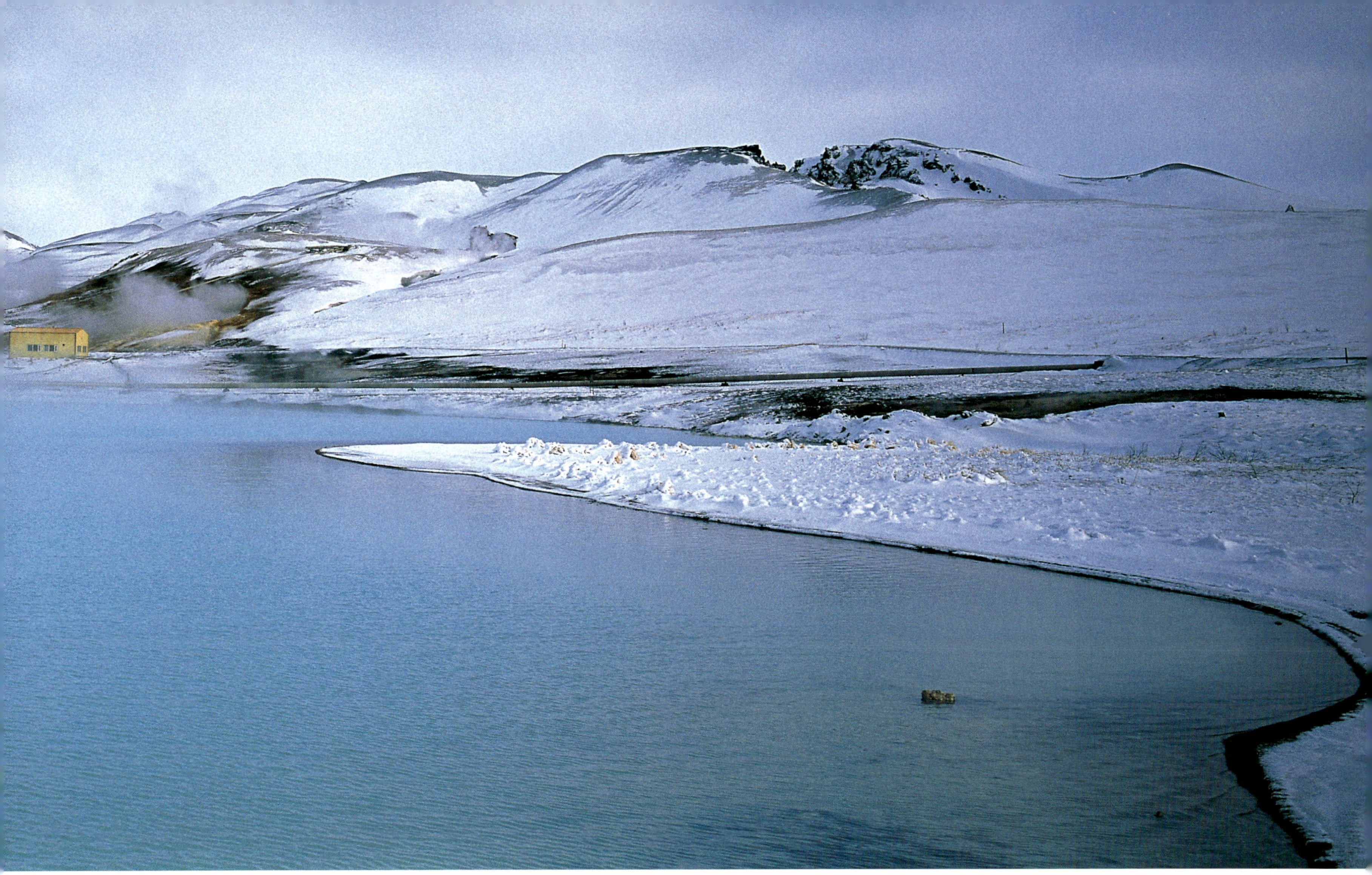

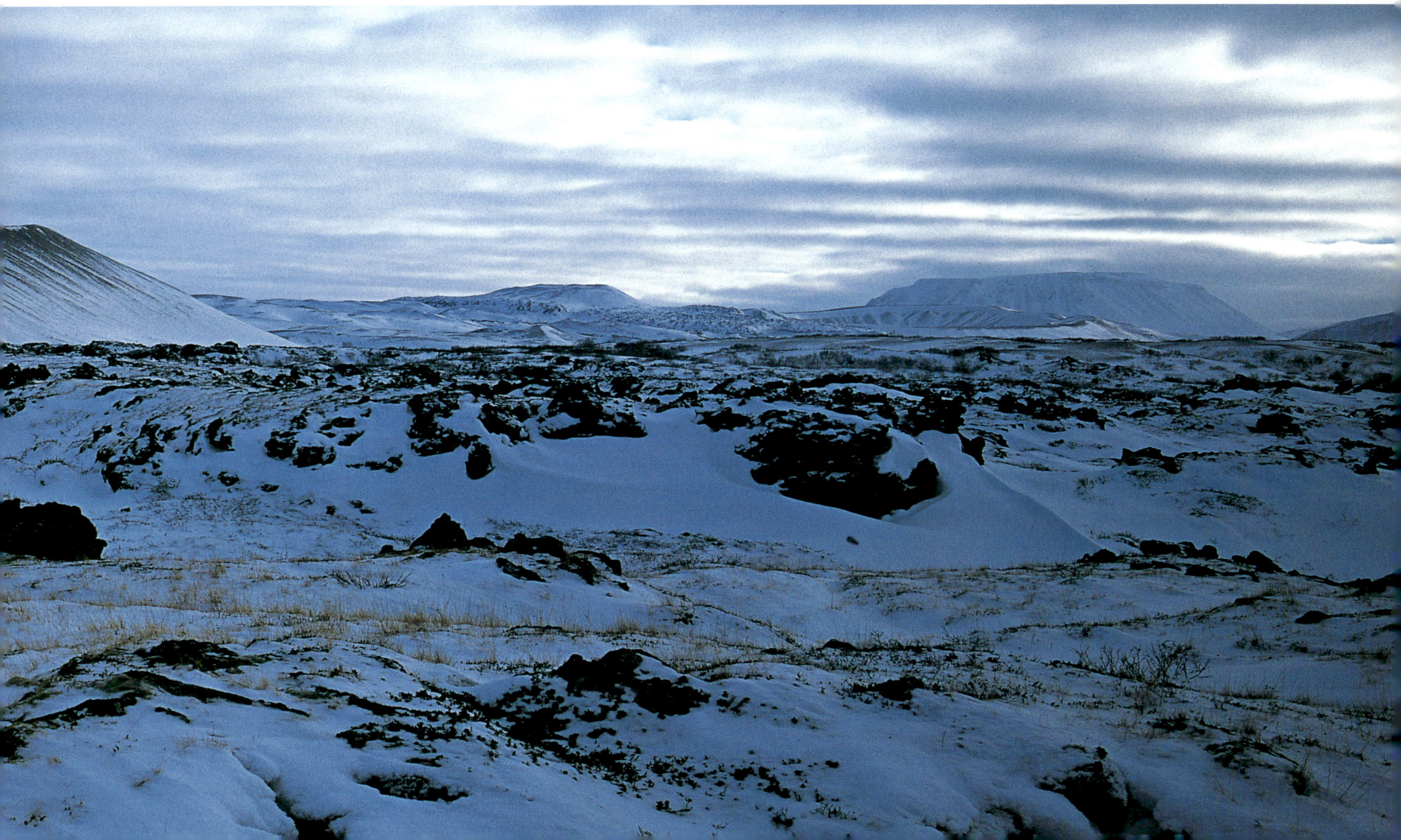

Feuer und Eis –
die Kontraste Islands

Wäre Mutter Erde nicht gleich zweimal schwach geworden, würde es kein Island geben. So aber spuckten zwei verschiedene Magmaquellen gemeinsam flüssiges Gestein aus, das vom Meeresgrund herauf zu einer Insel wuchs. Obwohl seit dieser Geburt 16 Millionen Jahre vergangen sind, halten die Nachwehen noch immer an. Und Europas jüngste Landmasse, ist offenbar noch dünnhäutiger als seine Mutter und will nicht aufhören, Feuer und heißes Wasser von sich zu geben. Seit der Besiedlung der Insel vor mehr als 1100 Jahren wurden – abhängig davon, ob man verschiedene, über längere Zeit anhaltende Eruptionen ein- oder mehrmals zählt – zwischen 250 und 500 Ausbrüche registriert. Anteil daran hatten und haben rund 200 Vulkane innerhalb von rund 30 Vulkansystemen, die auf drei Gebiete verteilt sind. Das größte davon reicht vom Südosten des Landes bis in dessen Nordosten und markiert jenen mächtigen Riss, der Mittelatlantischer Rücken genannt wird und der die Eurasische und die Amerikanische Platte jährlich ein paar Zentimeter mehr voneinander abbringt. Die beiden anderen Schwerpunkte vulkanischer Tätigkeit sind die Halbinsel Snæfellsnes und ein Gebiet, das gewissermaßen das feurige Herz Südislands verkörpert. Dafür, dass dieses nicht zur Ruhe kommt, sorgt unter anderem die Hekla, deren Aktivität die aller anderen Vulkane weit übertrifft. Verheerende Ausbrüche – so zu Beginn des 12. Jahrhunderts und vor allem zwischen 1766 und 1768 – haben den zur Gruppe der sogenannten Spaltenvulkane gehörenden Berg zu trauriger Berühmtheit verholfen. Kein Wunder, dass man ihn schon zu frühen Zeiten als Höllenort identifizierte und fromme Schauergeschichten über jene Legionen von Verdammten verbreitete, die in seinem Schlund brieten.

Keine imaginäre, sondern die wirkliche Hölle durchlebten die Isländer 1783/84, als über acht Monate aus der Laki-Spalte Unmengen von Lava, Asche und giftigen Dämpfen quollen. Die Bilanz war grauenvoll: Das Land verlor ein Fünftel seiner Bevölkerung und zwei Drittel seines Viehbestandes. So mündete diese Katastrophe der Umwelt in eine der Gesellschaft: Der Hunger, die Not sprengten alle Gesetze und Normen der Zivilisation. Und da die verseuchte Natur auf längere Zeit auch alle Zukunft für die gerade einmal 40 000 Überlebenden auszuschließen schien, erwog man sogar deren Evakuierung nach Dänemark.

Vulkane und Gletscher
als Zerstörer und Gestalter

Mehr noch als die glühende Lava fürchtet man in Island jedoch die Gletscherläufe. Verantwortlich dafür sind jene Vulkane, die unter einer dicken Eisdecke zum Leben erwachen und diese zum Schmelzen bringen. Dieses Bündnis zwischen den Elementargewalten Feuer und Eis führt zu ungeheuren Flutwellen, die auf ihrem Weg zum Meer Schlamm und Steine mit sich reißen. Besonders berüchtigt für solche Ausbrüche sind der Grímsvötn unter dem Eis des Vatnajökull und vor allem die »alte Hexe« Katla (unter dem Mýrdalsjökull), der es in der Regel alle paar Jahrzehnte danach ist, sich mit dem Gletscher anzulegen. Beim bislang letzten Mal, 1918, wurde dabei so viel Geröll ins Meer geschüttet, dass die Insel um einige Quadratkilometer hinzugewann. Interessant ist in diesem Zusammenhang, dass die für Island so typischen Tafelberge – wie zum Beispiel der seine Umgebung weit überragende »Götterberg« Herðubreið, eigentlich zur Verwandtschaft der Katla gehören. Das heißt, zu jenen Vulkanen, die in ihrer »Jugend« ebenfalls von Gletschereis bedeckt waren, ehe es ihnen gelang, den Panzer zu durchstoßen.

So hat jede der das Land prägenden Vulkanformen ihre Geschichte – und ihre Vorzeigeexemplar: Der Skaldbreiður steht für die Schildvulkane, der Hverfjall am Mývatn, wo sich auch die meistbesuchten Pseudokrater finden, für die Explosionskrater. Die bekannteste Caldera (Einsturzkrater) ist die vom Dyngjufjöllmassiv gerahmte Askja. Snæfell und Hekla hingegen zählen zu den Schichtvulkanen.

Neben den erwähnten zerstörerischen Kräften macht sich das Erdfeuer auch nützlich. Nirgendwo sonst auf der Welt gibt es so viele heiße Quellen wie in Island. Diese liefern für circa 80 Prozent der Bevölkerung Heizwärme und

Links:
*Sogenannte Pseudo-
krater am Mývatn. Die
kegelförmigen Vertiefungen
sind durch den Kontakt
der heißen Lava mit Wasser
entstanden: Dabei ist der
Dampf explosionsartig
nach oben entwichen und
hat die Erde aufgerissen.*

ermöglichen das Wunder von Hveragerði, wo – unter Glas – Blumen und Gemüse reifen und ein Garten Eden entstand. Und nicht zu vergessen die vielen Schwimmbäder, die selbst das kleinste Nest sein Eigen nennt. Auf die Zahl der Bevölkerung bezogen, dürfte das Land darin den Rekord halten. Immerhin zählt zu den ältesten baulichen Hinterlassenschaften aus dem alten Island eine Badeanstalt. Die »Snorralaug« zu Reykholt ließ sich vor rund 800 Jahren der berühmte Snorri Sturluson errichten. Hier soll er sich mit seinen Getreuen – es ist Platz für ein Dutzend – beraten haben und auf die besten Ideen gekommen sein.

Rechts:
*Die Vulkanspalte
Leirhnjúkur gehört zu
den Attraktionen des
Mývatn-Gebietes. Ihr
letzter großer Ausbruch
liegt erst zwei Jahrzehnte
zurück. Ein Pfad führt durch
die frische Lava, die zum
Teil noch so heiß ist, dass
man sich die Finger daran
verbrennen kann.*

Rechts:
*Am von zahlreichen Spalten
umgebenen Zentralvulkan
Krafla wurde 1977 ein
geothermales Kraftwerk in
Betrieb genommen.
Das größte Problem bei
der Nutzung der Erdenergie
sind die sich ständig
ändernden Verhältnisse
beim Austritt.*

Rechts:
*Nachdem der Große Geysir
in Islands berühmtesten
Thermalgebiet deutlich an
Kraft verloren hat, ist die
Reihe am »Strokkur«, dem
»Butterfass«, das in etwa
zehnminütigem Rhythmus
eine 20 Meter hohe Wasser-
fontäne in die Luft spuckt.*

Ganz links:
*Die Gewalten der Erde
waren auch immer ein
Thema der Kunst: Der alte
Holzschnitt zeigt einen
Ausbruch des Vulkans
Hekla, welcher als »Tor
zur Hölle« galt.*

Zu den faszinierenden
geothermischen Erschei-
nungen des Krafla-Gebietes
gehören Schlammtümpel
und -löcher. Hier pfeift,
zischt und brodelt es un-
aufhörlich und man wähnt
sich in des Teufels Küche –
die jeden Augenblick in
die Luft gehen kann.

Links:
*Obwohl dem heißen Erd-
wasser im Krafla-Kraftwerk
ein Großteil seiner Energie
entzogen wurde, ist es
danach noch immer warm.
Aufgeheizt wird es durch
eine Magmakammer in drei
bis sieben Kilometer Tiefe.*

Unten:
*Der von einem mächtigen
Aschetuffring umgebene
Krater Hverfjall entstand
vor circa 2500 Jahren.
Für den etwas mühsamen
Aufstieg entschädigt der
grandiose Ausblick in
den knapp 150 Meter
tiefen Kessel mit einem
Durchmesser von rund
einem Kilometer.*

Rechts oben und unten:
Ankunft der Fähre in Seyðisfjörður. Früher kam sie nur im Sommer; seit 2004 verkehrt die Linie ganzjährig. Das Schiff kann 1482 Fahrgäste und 800 Fahrzeuge an Bord nehmen. In der knapp 800 Seelen zählenden Ortschaft am gleichnamigen Fjord betreten all diejenigen Besucher, die vom europäischen Festland aus mit dem Schiff nach Island kommen, erstmals isländischen Boden.

Rechte Seite:
Mit rund 17 000 Einwohnern ist Akureyri die zweitgrößte Stadt der Insel und das wirtschaftliche, kulturelle und – mit der Universität – wissenschaftliche Zentrum des Nordens. Besonders in den hellen Juni- und Julinächten zeigt sich die auf den Siedler Helgi Magri aus dem 9. Jahrhundert zurückgehende Siedlung am Ende des Eyjafjörður von ihrer schönsten Seite.

Oben:
Winterliche Abendstimmung am Reyðarfjörður –
dem mit 30 Kilometern
längsten Fjord im Osten
der Insel. Im »Landnahmebuch« wird berichtet, dass
die ersten Siedler, die im
9. Jahrhundert hierher
kamen, eigentlich auf die
Faröer Inseln wollten,
diese aber verfehlt hatten.

Rechts:
Das verlassene Gehöft am
Fáskrúdsfjörður im Osten
Islands gehört zum gleichnamigen Fischerort. Im
Hintergrund ist die Vogelinsel Skrúður zu sehen,
auf der sich unter anderem
die größte Silbermöwenkolonie Islands befindet.

Links:
*Küstenlandschaft am
Fáskrúdsfjörður. Während
der lange, schmale
Fjord im Innern von bis
zu 1000 Metern hohen,
lavabedeckten Bergen
gesäumt ist, weichen diese
in Meeresnähe zurück.
An den Fáskrúdsfjörður
schließt sich übrigens
eines der für Island so
seltenen Waldgebiete an.*

Links:
Am Berufjörður hat der Winter Einzug gehalten. Ganz so lange bleibt der Schnee hier allerdings nicht liegen, da – bedingt durch die vielen Sonnenstunden und den schwarzen Sand – die Temperaturen nicht allzu niedrig sind.

Linke Seite, unten links und rechts:
Die Straßen im Osten Islands sind zur Winterzeit menschenleer oder bleiben den Einwohnern mit den entsprechenden Fahrzeugen vorbehalten – die Ringstraße bei Egilsstaðir.

Unten:
Bauerngehöft am Reyðarfjörður. Im Winter leiden die Menschen am meisten unter der Abgeschiedenheit. Dann steigen die Telefonrechnungen ins Unermessliche und die hohen Alkoholpreise werden ignoriert.

Links:
Zu den Highlights eines Island-Aufenthaltes gehört eine Fahrt mit einem Amphibienfahrzeug zu den Eisbergen des Jökulsárlón.

Links Mitte:
Die auf dem 160 Meter tiefen Gletschersee treibenden Eisberge bieten einen faszinierenden Anblick – zumal man ihnen sozusagen auf Tuchfühlung nahe kommt.

Links unten:
Zur Sicherheit zieht das Amphibienfahrzeug auf dem Jökulsárlón ein Rettungsboot hinter sich her. Falls jemand über Bord geht, muss er in allerkürzester Zeit aus dem eiskalten Wasser gezogen werden.

Unten:
Die Fahrt an den Eisbergen
des Jökulsárlón vorbei ist
ein Fest für das Auge. Denn
Eis ist nicht immer weiß:
Hier gibt es Grün- und
Blautöne und manchmal
sogar Schwarz.

Einsamer Winter am Jökulsárlón. Restaurant und Imbissstube haben geschlossen, die Souvenirstände sind verschwunden.

Auf der nahen Straße fährt kaum ein Auto. Nur ein Vogelschrei durchbricht manchmal die Stille. Danach ist wieder alles ruhig.

Der Vatnajökull im Hintergrund beliefert gleich etliche Gletscherseen mit imponierender Staffage – sprich: Eisbergen. So finden sich in der großen Sanderebene Breiðamerkursandur der Fjallsárlón, der Breiðárlón und der Stemmulón. Am bekanntesten ist jedoch der Jökulsárlón.

Seite 112/113:
Obwohl es hier gar nicht danach aussieht, hat der Aufstieg auf die Kverkfjöll-Berge (1929 Meter) seine Tücken. Kommt doch hier häufig so dichter Nebel auf, dass man die der Orientierung helfenden Rauchwolken über dem Geothermalgebiet nicht mehr sieht und sich leicht verirren kann.

Die Gletscherzunge des Fláajökull reicht bis ins Tiefland hinunter. Kurz davor liegt der Hof Raudaberg.

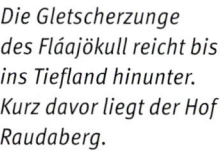

Skeiðarársandur heißt jene etwa 30 Kilometer lange und bis zu 20 Kilometer breite Sanderebene im Südosten der Insel, die immer wieder durch gewaltige Gletscherläufe, die ihren Ursprung im Vulkan Grímsvötn haben, Schlagzeilen macht. Ein Denkmal erinnert an die letzte große Naturkatastrophe.

Linke Seite:
Zur 1967 ausgerufenen zweitgrößten Schutzzone Islands, dem Nationalpark Skaftafell, gehört auch der Svinafellsjökull. Außer dieser imponierenden Gletscherwelt finden sich hier Wasserfälle, Moränenwälle, reißende Flüsse, Birken- und Ebereschenwälder sowie der höchste Berg des Landes, der Hvannadalshnúkur.

115

Unten:

Der Campingplatz im Nationalpark Skaftafell zählt nicht nur zu den bestausgestattetsten, sondern auch zu den schönst-

gelegenen des Landes. Im Hintergrund grüßt der zum Öræfajökull-Massiv gehörende 2119 Meter hohe Hvannadalshnúkur.

Rechts oben:
Auf einem der Ausläufer des Vatnajökull, Europas größtem Gletscher. Obwohl davor gewarnt wird, diese Regionen des ewigen Eises nicht zu unterschätzen, kommt es immer wieder zu Zwischenfällen.

Rechts Mitte:
Wer mit dem Fahrrad in Island unterwegs ist, kommt der Landschaft besonders nahe. Eine solche Tour erfordert gutes Material, Kondition und, vor allem auf den Sand- und Schotterpisten, Konzentration.

Rechts unten:
Auf dem Vatnajökull. Zu den besonderen Attraktionen einer Gletschertour gehören organisierte Fahrten mit dem Schneemobil.

117

Vom Zeltplatz des Nationalparks Skaftafell ist es nur ein kurzer Fußweg zum Svartifoss. Dieser Wasserfall gleicht einer gigantischen Freilichtbühne mit einzigartiger Naturkulisse. Er wird von einer Wand aus regelmäßig geformten Basaltsäulen gerahmt – monumentalen steinernen Orgelpfeifen, über die das Wasser in ein Becken stürzt, das von Moosen und Farnen gesäumt wird. Hie und da ragt ein abgebrochener Basaltstumpf aus dem Wasser.

Die gefährliche Verlockung – das Hochland

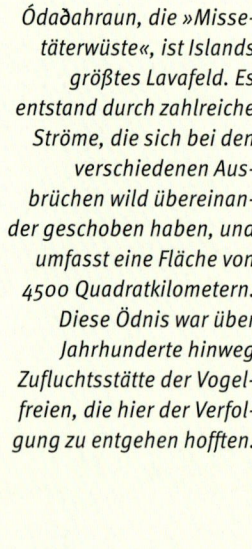

*Ódaðahraun, die »Misse-
täterwüste«, ist Islands
größtes Lavafeld. Es
entstand durch zahlreiche
Ströme, die sich bei den
verschiedenen Aus-
brüchen wild übereinan-
der geschoben haben, und
umfasst eine Fläche von
4500 Quadratkilometern.
Diese Ödnis war über
Jahrhunderte hinweg
Zufluchtsstätte der Vogelfreien, die hier der Verfol-
gung zu entgehen hofften.*

Eigentlich führt die Bezeichnung in die Irre, denn das Hochland unterscheidet sich weniger durch ein Mehr an Höhenmetern von den anderen Gebieten, sondern durch seine Menschenleere. Sprich: Weit mehr als die Hälfte der Bevölkerung lebt in Reykjavík, der andere Teil in einem schmalen Küstenstreifen rund um die Insel. Das Landesinnere hingegen ist lebensfeindlich und unbewohnt. Ohne Not wagte man sich kaum in das Hochland. Nur den Vogelfreien bot es Refugium. Ódáðahraun, das größte Lavafeld des Landes, trägt den bezeichnenden Namen »Missetäterwüste«. Der berühmteste dieser Ausgestoßenen war Fjalla-Eyvindur, der im 18. Jahrhundert zwei Jahrzehnte in dieser schier end- und trostlosen Gegend nördlich des Vatnajökull aushielt.

Die vielen Besucher, die es in das Hochland zieht, kommen aus anderen Gründen. Sie suchen die Begegnung mit einer grandiosen Natur, die absolute Einsamkeit und das prickelnde Abenteuer. Auch wenn sich heute nicht nur Jeeps, sondern sogar speziell präparierte Linienbusse über die, Wege geheißenen, Torturstrecken quälen, sind die Gefahren nicht geringer. Zwei »klassische« Hochlandtouren stehen zur Auswahl: Die Sprengisandur-Route folgt einer alten Wegführung aus der Sagazeit und verbindet den Südwesten mit dem Nordosten des Landes. Höhepunkt und namensgebend ist die sich über circa 200 Quadratkilometer erstreckende Wüste. Die Kjölur-Route wird durch den riesigen Gletschersee Hvítárvatn und das Hochtemperaturgebiet von Hveravellir geprägt.

Links:

Schlucht in der Nähe der Askja, einer riesigen Caldera im isländischen Hochland. Im Gegensatz zu den Küstenbereichen blieb das Landesinnere unbesiedelt. Nur wenige Pfade durchqueren es.

Unten:

Auf der Kjölur-Piste unterwegs. Im Hintergrund die Kerlingarfjöll – mit bunten Rhyolith-Flächen, weißen Hanggletschern und einem großen Geothermalgebiet.

Unten:

Von den beiden klassischen Wegen durch das Hochland ist die Sprengisandur-Route die weitaus anspruchsvollere. Solange es nicht stürmt, der Nebel einem nicht die Sicht nimmt, das Fahrzeug nicht im Fluss stecken bleibt, ist alles gut. Wer ganz sicher gehen will, kann auch den Bus nehmen, der jedoch nur Teilstrecken befährt.

Oben:

Wegweiser in menschenleerer Landschaft. Zwischen den Gletschern Vatnajökull und Hofsjökull liegt die etwa 200 Quadratkilometer große Lava- und Sandwüste Sprengisandur. Deren Durchquerung gehört zu den großen Erlebnissen der nach ihr benannten legendären Hochlandroute.

Oben:

Bei der Durchquerung des Hochlandes sieht man auch immer häufiger Radtouristen, die ebenso wie alle anderen die Bäche und Flüsse durchqueren müssen, hier auf der Sprengisandur-Route nahe Nýidalur.

Der Jökulsá á Fjöllum entspringt im nördlichen Teil des Vatnajökull-Gebietes und ist mit mehr als 200 Kilometern Länge der zweitgrößte Fluss des *Landes. Sein Wassereinzugsgebiet umfasst circa 8000 Quadratkilometer. Auf seinem Lauf in das Meer speist er zahlreiche Wasserfälle.*

Innerhalb der gigantischen Caldera der Askja ist 1875 noch eine kleine hinzugekommen. Der »Víti« (Hölle) genannte Krater hat sich inzwischen mit warmem Wasser gefüllt.

Dem Víti-Ausbruch verdankt auch der benachbarte Öskjuvatn, Islands tiefster See, sein Entstehen. Sein Wasser ist allerdings eiskalt.

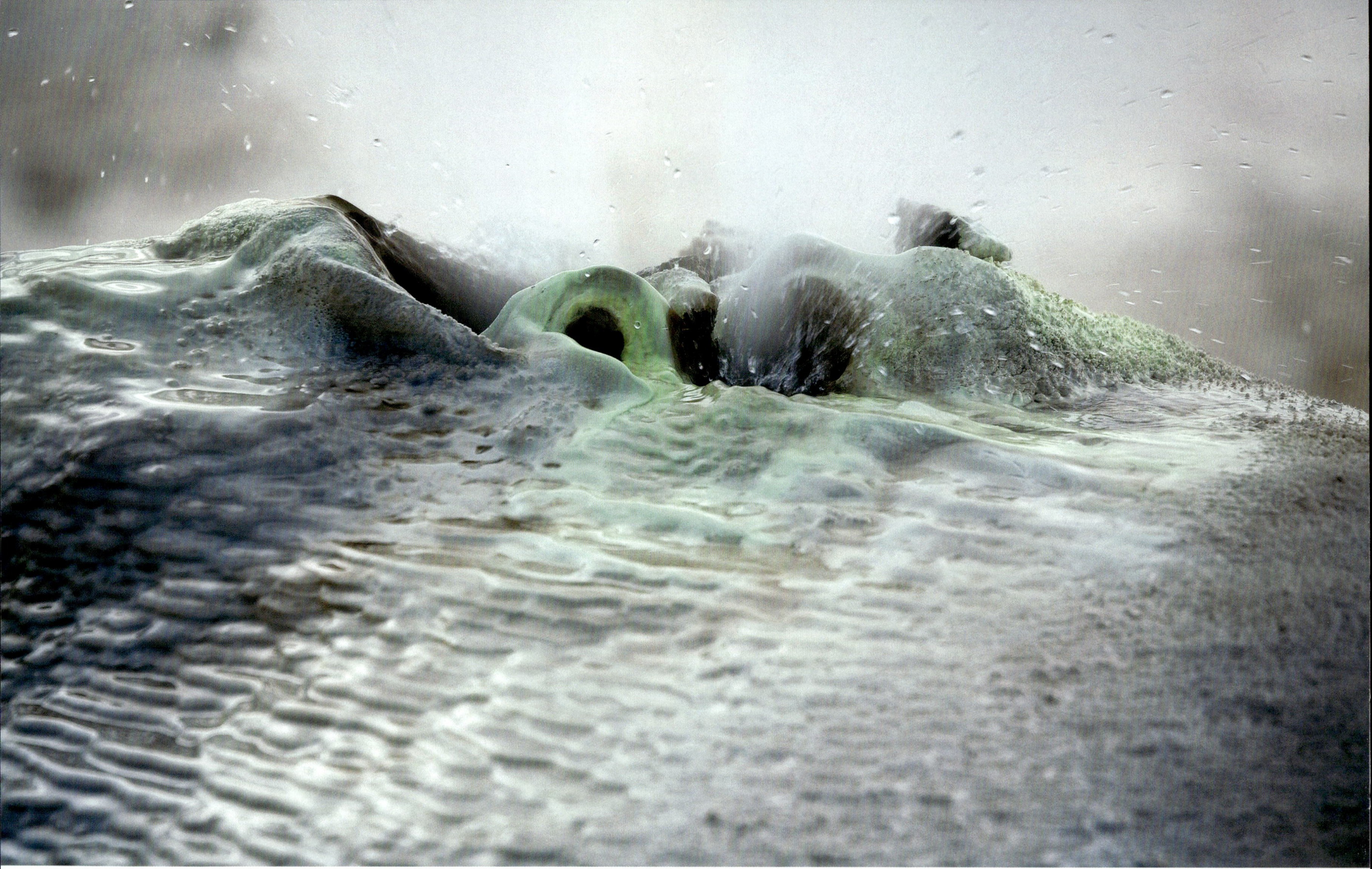
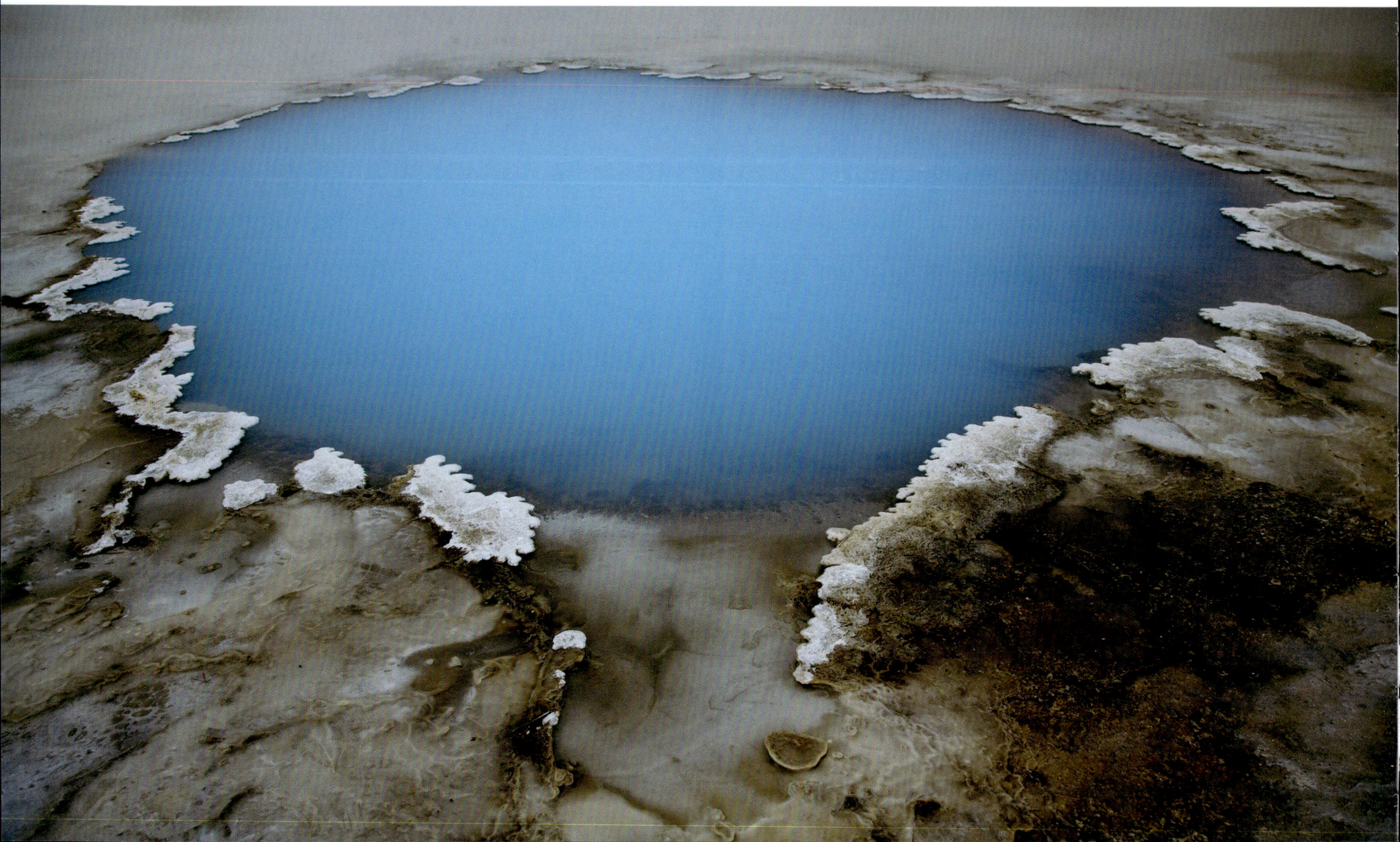

Seite 128/129:
Von den verschiedenen Möglichkeiten, Landmannalaugar zu erkunden, ist jene auf dem Rücken eines Islandpferds gewiss nicht die schlechteste – und außerdem ein zusätzliches Abenteuer.

Unten:
Neben der alten Wanderhütte von Hveravellir, die ebenfalls durch Erdwärme

beheizt wird, befindet sich ein Pool mit heißem Wasser, in dem Wanderer Erholung suchen.

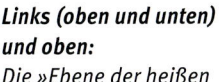

Links (oben und unten) und oben:
Die »Ebene der heißen Quellen« beeindruckt nicht nur durch den Lärm, mit

dem das Wasser und der Dampf aus der Erde treten, sondern ebenso durch die farbenprächtigen Sinterablagerungen.

Oben:
Da Hveravellir zu den besonders spektakulären Sehenswürdigkeiten des Hochlandes zählt, wird es

auch von Bussen angefahren. So wimmelt es hier von Menschen. Ruhiger wird es erst gegen Abend.

Flusslandschaft bei Landmannalaugar. Die »Warmen Quellen der Landmänner« liegen an einer legendären Hochlandpiste.

Die Berge um Landmannalaugar sind für ihren außergewöhnlichen Farbenreichtum bekannt. Dieser rührt von den reichen Rhyolith-Vorkommen her, einem kieselsäurehaltigen Ergussgestein, das – abhängig von der Sonneneinstrahlung sowie der Luftfeuchtigkeit – rot, gelb, braun oder grün leuchtet.

Die Luftaufnahme zeigt die Landschaft zwischen der »Feuerschlucht« Eldgjá – sie ist 30 Kilometer lang und damit die größten Vulkanspalte der Erde – und Landmannalaugar.

Östlich von Landmannalaugar ragt das Hekla-Massiv knapp 1500 Meter in den Himmel. Der aktivste Vulkan der Insel ist zugleich der gefährlichste. Seine Ausbrüche waren oft mit verheerenden Zerstörungen verbunden. Zu Füßen der Hekla findet sich dieser Kratersee.

Seite 132/133:
An den Quellen von Landmannalaugar – einem der vielen natürlichen Badeplätze des Landes – genießt man das heiße Wasser.

REGISTER

Miðgarður o *Grimsey*

Norðurfjörður
Hvalnes
Hraun
Siglufjörður
Brúnastaðir
Olafsfjörður
Húsavík
Raufarhöfn
Grjótnes
Mánáreyjar
Kópasker
Öxarfjörður
Svalbarð
Sauðanes
Þórshöfn
Langanes
Þistilfjörður
Bakkaflói
Bakkafjörður

Dalvík
Hrísey
Grenivík
Hofsós
Hauganes
Laxamyri
Lón
Sandfells-hagi
Ásbyrgi
Melrakkaslétta

Skagaströnd
Sauðár-krókur
Viðvík
Ydalir
Svalbarð-seyri
Laugar
Reykjahlíð
Grimsstaðir
Jökulsárgljúfrum N.P.
Dettifoss
Vopnafjörður
Ketilsstaðir
Húsey
Bakkagerði
Vopnafjörður
Héraðsflói
Borgarfjörður

Húnaflói
Drangsnes
Blönduós
Tjörn
Akureyri
Svalbarð-seyri
Godafoss
Myvatn
Moðrudalur
Fossvellir
Eiðar
Hofsá
Langurin

Stora-Fjarðarhorn
Reykir
Hnausar
Hunaver
Glaumbær
Hrafnagil
Saurbær
Aldeyarfoss
Skjöldófs-staðir
Fellabær
Seyðisfjörður
Egilsstaðir

Gilsfjarðar-brekka
Prestbakki
Hvamms-tangi
Miklibær
Eyvindar-staðir
Hólar
Brú
Reyðarfjörður
Neskaupstaður
Eskifjörður
Fáskrúðsfjörður

Laugarbakki
Reykjaskóli
Goðdalir
Stöðvarfjörður
Breiðdalsvík

Búðardalur
Brú
Kvennabrekka
ISLAND

Dalsmynni
Haugar
Húsafell
Kjölur
Hofsjökull
1763
Sprengisandur
Askja
1460
Snæfell
1833
Djúpivogur

1355
Langjökull
Vatnajökull
Starmyri
Breiðabunga

Saurbær
1719
Stafafell

Þingvellir N.P.
Geysir
Gullfoss
Þórtsvatn
Nesjahverfi
Nesjum
Brunnhóll
Höfn

Þingvellir
ellsbær
Þingvalla-vatn
Laugar-vatn
Tungufell
Smyrlabjörg
Hrollaugsstaðir

Kópavogur
rðabær
Reykholt
Laugarás
Fluðir
Burfellsstod
Skaftafelli N.P.
Skeiðarár-jökull
Breiðamerkur-jökull

veragerði
Keriá
Bölti
Freysnes
2119
Jökulsárlón

Selfoss
Eyrarbakki
Stokkseyri
Hella
Keldur
Hekla
1491
Hofsnes
Fagurhólsmyri

Þykkvibær
Hvolsvöllur
Kirkjubæjar-klaustur
Landmannalaugar
Skaftafell

shöfn
Seljalandsfoss
Múlakot
Þórsmörk
Myrdals-jökull
Úthlið
Skeiðarársandur
Ingólfshöfði

Akurey
Stóridalur
1666
1450
Efriey

Skogafoss
Skógar
Myrar

Vestmannaeyjar
Heimaey
Vík

Surtsey o

Faszinierend sind die Ausblicke auf die blau schimmernden Eisberge bei einer Fahrt auf dem Jökulsárlón.

Impressum

Buchgestaltung
www.hoyerdesign.de

Karte
Fischer Kartografie, Aichach

Printed in Germany
Repro: Artilitho, Lavis-Trento, Italien – www.artilitho.com
Druck und Verarbeitung: StieberDruck GmbH,
Lauda-Königshofen, Germany – www.stieberdruck.de
© 9. Auflage 2017 Verlagshaus Würzburg GmbH & Co. KG
© Fotos: Max Galli
© Text: Ernst-Otto Luthardt

ISBN 978-3-8003-4068-2

Unser gesamtes Programm finden Sie unter:
www.verlagshaus.com